누구보다
축구전문가가
되고싶다

Original Japanese title: SAKKA KANSENRYOKU GA TAKAMARU: shiai gahyakubai omoshiroku naru hyaku no shiten
Copyright ⓒ 2011 by Hideto Shimizu
Original Japanese edition published by Toho Publishing Co., Ltd.
Korean translation rights arranged with Toho Publishing Co., Ltd.
through The English Agency (Japan) Ltd. and Eric Yang Agency

이 책의 한국어판 저작권은 EYA(에릭양 에이전시)를 통해 저작권자와 독점 계약한 브레인스토어에 있습니다. 신 저작권법에 의해 한국 내에서 보호를 받는 저작물이므로 무단 전재와 무단 복제를 금합니다.

누구보다
축구전문가가
되고 싶다

시미즈 히데토 지음 | 홍재민 옮김

bs
브레인스토어

 옮긴이의 말

축구는 누구와도 친하고 가깝다. 그렇다 보니 가끔 축구는 오해를 받는다. 굉장히 쉽고 간단하다고 생각한다. 확실히 축구는 쉽다. 야구, 농구, 배구 등 기타 인기 종목에 비해 규정이 간단하다. 손과 팔을 제외한 모든 신체 부위를 이용해 공을 상대편 골문 안으로 넣으면 된다. 이 과정에서 해선 안 될 행위는 상대를 밀거나 잡아당기거나 걸어차거나 가격하는 것뿐이다. 오프사이드 규정만 이해하면 축구에 관해서 떠들 수 있는 자격을 획득한다. 물론 세부 규정이 많긴 하지만 앞서 말한 규정만 갖고도 동네 축구 경기를 치르기에는 아무런 문제가 없다. 더불어 최근에는 인터넷과 각종 게임을 통해 이른바 축구 전문가들이 양산되고 있다. 축구 전문 기자와 축구 마니아의 경계선도 타 종목에 비해 많이 허물어져 있는 상황이다. 비경기인 출신의

기자가 TV중계 해설자로 나서는 종목도 축구가 유일하다.

하지만 알고 보면 축구는 그리 단순하지 않다. 쉬워 보일 뿐 결코 쉽지 않다. 정해진 동선 없이 양 팀 22명의 선수들이 무질서하게 사방팔방 뛰어다니고 있는 것처럼 보일지라도 그들은 모두 훈련한 대로, 경기에 맞춘 전술대로, 어떠한 사전 약속에 의해 경기를 뛰는 것이다. 만약 자기 마음대로 뛰는 선수가 있다면 벤치에서는 당장 그 선수를 빼버릴 테니 말이다. 축구 경기는 단순해 보이지만 한시도 눈을 떼선 안 된다. 작은 변화 뒤에도 팀의 의도가 담겨 있다. 같은 맥락으로 실수처럼 보이는 장면에서도 잘잘못을 따지기가 힘들 때가 굉장히 많다. 실망스러운 백패스가 나왔다고 가정해보자. 패스를 한 선수의 좁은 시야가 문제일 수도 있고, 아니면 패스를 받아줄 공간으로 이동하지 않은 동료들의 게으름이 문제일 수도 있다. 투박한 롱패스 전술, 따분한 수비 전술, 고집스러운 중앙 돌파에도 분명히 의도가 숨어 있다는 사실을 간과해선 안 된다.

이 책은 축구 경기를 어떻게 이해하고 해석해야 하는지에 관해 말한다. 같은 90분 경기를 같은 장소에서 관전해도 알고 보는 사람과 그렇지 못한 사람과의 이해도는 하늘과 땅 차이가 난다. 골키퍼가 골킥을 어떻게 처리하는지, 공수 전환이 얼마나 즉각적으로 이루어지고 있는지, 빌드업 플레이가 얼마나 효율적으로 전개되는지 등에 대한 기본 개념을 갖춘 사람이라면 똑같은 경기를 보고도 더 많은 의미와 시사점을 찾아낼 수 있게 된다. 원서에서는 이 능력을 '관전력(觀戰力)'이라고 쓰고 있다. 우리 식으로는 '축구 경기 독해법' 정도로 바꾸어 말할 수 있을 것 같다.

　물론 이 책을 읽었다고 해서 당장 축구 전문가가 될 순 없다. 다만 그라운드 위에서 정신없이 벌어지는 다양한 플레이의 이유와 원인, 배경을 유추해내기 위해 사용할 수 있는 100가지 힌트를 얻을 수 있고, 그만큼 축구 경기를 더 잘게 볼 수 있는 안목을 갖출 수 있게 된다.

　번역 작업에서 실례 설명 부분에 가장 많은 시간이 쓰였다. 책에 실린 사례 중 많은 부분이 국내 독자에게 낯선 J리그나 일본 국가대표팀 경기에서 벌어진 장면이었기 때문이다. 이런 부분들은 국내 독자의 이해를 돕기 위해 K리그나 한국 국가대표팀 또는 유럽 리그의 유사 장면으로 교체해야 했다. 물론 원서가 전달하려는 포인트에 충실하다고 판단되는 장면을 세심하게 골랐으니 본뜻을 거스르는 착오는 없을 거라고 믿는다. 축구 경기를 좀 더 정확하고 객관적으로, 깊이 있게 이해하고 싶어 하는 축구 팬에게는 매우 유용한 참고서가 될 수 있다. 물론 축구의 최대 매력은 자고로 마음껏 소리 지르고 외치면서 열광과 좌절 사이를 수도 없이 왕복하게 만들어준다는 데 있다는 사실을 잊어선 안 될 것이다.

　끝으로 척박한 국내 서적 시장 환경에도 불구하고 끊임없이 각종 스포츠 책을 발행하고 있는 브레인스토어 홍정우 대표이사의 '똥'고집에 무한한 감사를 올린다.

홍재민

머리말

　현장에서 아이들에게 축구를 가르칠 때는 "왜?"가 키워드가 된다고 한다. 왜 드리블을 했을까? 왜 왼쪽으로 패스를 보냈을까? 왜 그 판단이 옳다고 생각했을까? 이런 식으로 많은 "왜?"를 반복함으로써 아이들의 능력이 성장한다고 말한다.

　축구 관전도 마찬가지다. 왜 크리스티아누 호날두는 그렇게 프리킥을 잘 차는 걸까? 왜 다들 리오넬 메시가 "정말 잘한다"고 말할까? 왜 로빈 판 페르시는 골을 잘 넣는 걸까? 왜 바르셀로나는 패스를 그렇게 잘 돌리는 걸까? 그 이유를 생각해봄으로써 축구를 관전하는 힘을 기를 수 있다.

　한 경기에서 하나의 정보만 얻는 사람이 있으면 10개의 정보를 얻어내는 사람도 있다. 이 책의 특징은 실제 경기에서 있었던 장면들을 골라 축구 이론을 설명했다는 데 있다. 이미 알고 있던 경기 속에 감춰져 있는 진짜 의미를 알게 되면 새로운 관전 능력을 습득할 수 있고, 그러면서 축구를 분석하는 능력이 길러지게 된다.

필자는 지역 리그에서 선수로 뛴 적이 있다. 그런 경험을 가졌기 때문에 특별히 누군가에게 물어볼 필요 없이 '나는 축구를 잘 안다'라고 자부했다. 그런데 축구 기자로 전업한 이후 전·현직 프로축구선수나 세계적인 축구 지도자와 많은 대화를 나누는 과정을 통해 지금까지 내가 알고 있던 축구 이론이 얼마나 얕았는지를 깨닫게 되었다. '아~ 나는 저 경기에서 있었던 일들 중 절반도 이해하지 못했던 거였구나'라는 자괴감과 함께 축구의 새로운 세상을 알게 되는 전율을 느꼈다. 축구 기자로서 일을 시작하면서 가장 큰 즐거움을 느끼는 순간일지도 모른다. 이 책에 기술한 내용은 바로 그런 자극에서 얻은 결과들이었다.

축구 팬은 '초보 해설자는 너무 많이 떠든다'라고 생각하는 점이 다른 종목 팬과의 가장 큰 차이점이라고 들은 적이 있다. 너도나도 해설자라고 생각하는 것 같다. 하지만 필자는 바로 그 점이 축구의 본질이라고 생각한다. 생각하는 일이 곧 축구이기 때문에 그 의견을 입으로 말하는 일도 바로 축구이다. 판단할 수 있는 사람도 축구이며 행동을 일으키는 사람도 축구이다. 모두가 축구의 일부인 셈이다. 그런 특성을 가진 스포츠가 바로 축구라고 생각한다. TV해설에 만족할 수 없게 된 모든 이의 첫 걸음으로서 많은 축구 관전 시점을 총정리한 책이라고 소개하고 싶다. 이 책이 그런 존재가 되면 정말 큰 행복일 것이다.

마지막으로 한 가지 확실하게 해두고 싶은 점이 있다. 여기에서 소개하고 있는 실례는 그 경기에서 일어난 모든 플레이를 상징하고 있지 않다는 사실이다. 어디까지나 경향에 초점을 맞춰 축구 이론을 알기 쉽게 설명하기 위해서 특정 장면을 선정했다는 점을 분명히 해둬야 할 것 같다. 독자 여러분의 축구를 보는 눈에 어떤 변화가 일어날지 몹시 흥미진진하다.

시미즈 히데토

 차례

옮긴이의 말 _ 04

머리말 _ 07

 PART 0 시스템 분석법 4가지

시스템은 축구 전술을 이해하기 위한 언어다 _ 20
- **SYSTEM** ① 왜 시스템이 필요할까? _ 20
- **SYSTEM** ② 축구에 있어서 전술이란 무엇인가? _ 22
- **SYSTEM** ③ 시스템은 11명의 최대공약수를 끌어내기 위한 작업 _ 25
- **SYSTEM** ④ 시스템의 조화를 관찰한다 _ 29

 PART 1 드리블 분석법 7가지

자신만의 기본자세를 갖고 있는가? _ 34
- **DRIBBLE** ① 공을 소유하는 올바른 방법이란? _ 34
- **DRIBBLE** ② 리오넬 메시의 간격 컨트롤 _ 38
- **DRIBBLE** ③ 크리스티아누 호날두의 정면 승부 _ 42

돌파를 잘하는 선수와 막히는 선수의 차이점 _ 45
  DRIBBLE ④ 베르바토프와 애슐리 영의 기술 차이 _ 45
  DRIBBLE ⑤ 수비수의 '강한 쪽'과 '약한 쪽'을 어떻게 구분해낼까? _ 47
  DRIBBLE ⑥ 발바닥 사용은 좋은 방법? _ 50
  DRIBBLE ⑦ 아르헨티나 선수들은 시저스 페인팅을 하지 않는다 _ 53

킥과 트래핑 분석법 6가지

올바른 트래핑과 잘못된 트래핑을 어떻게 구분할 것인가? _ 56
  KICK & TRAP ① 지단과 메시의 대조적인 트래핑 _ 56
  KICK & TRAP ② 차비는 주변을 세 번 본다 _ 58
  KICK & TRAP ③ 온몸으로 상대를 등진 상태에서 포스트플레이를 한다 _ 64

올바른 킥과 잘못된 킥을 어떻게 구분할 것인가? _ 68
  KICK & TRAP ④ 킥의 퀄리티를 보려면 디딤발을 보라 _ 68
  KICK & TRAP ⑤ 얼음 위에서 미끄러지는 듯한 마이클 캐릭의 패스 _ 71
  KICK & TRAP ⑥ 허를 찌르는 패스 _ 73

패스 연결 분석법 15가지

올바른 패스와 잘못된 패스를 어떻게 구분할 것인가? _ 76
  PASS ① 부득이한 실수와 반드시 짚고 넘어가야 할 실수 _ 76
  PASS ② 공을 앞으로 어떻게 운반할 것인가? _ 78
  PASS ③ 경기장을 넓게 사용하고 있는가? _ 82
  PASS ④ 계층적 포지셔닝이 이루어지고 있는가? _ 84
  PASS ⑤ 거점 패스를 할 수 있는가 없는가? _ 88

PASS ⑥ 도망갈 패스 코스를 만들어놨는가? _ 91
PASS ⑦ 패스 장면에서 '제3의 선수'가 움직이고 있는가? _ 92

프로의 패스 기술은 이렇게 다르다 _ 96

PASS ⑧ 차비와 제라드는 '곁눈질'로 공을 본다 _ 96
PASS ⑨ 왼발, 오른발까지 계산한 패스인가? _ 98

바르셀로나는 다른 팀과 어떻게 다를까? _ 100

PASS ⑩ 골키퍼를 패싱 게임에 참가시킨다 _ 100
PASS ⑪ 죽은 영역을 사용한 패스 돌리기 _ 101
PASS ⑫ 성공률이 낮은 패스를 선택하지 않는다 _ 102
PASS ⑬ 왜 메시는 아르헨티나 대표팀에서 활약하지 못할까? _ 105

좋은 롱볼과 나쁜 롱볼을 어떻게 구분할 것인가? _ 108

PASS ⑭ 세컨드볼의 밀도를 만들 수 있는가? _ 108
PASS ⑮ 거스 히딩크의 호주가 일본을 꺾었던 전술 _ 111

PART 4 중앙 돌파 분석법 10가지

좋은 중앙 돌파와 나쁜 중앙 돌파를 어떻게 구분할 것인가? _ 114

CENTRAL BREAKTHROUGH ① 바르셀로나는 최강의 중앙 돌파형 팀 _ 114

투톱의 돌파 _ 117

CENTRAL BREAKTHROUGH ② 포워드를 어떻게 조합할 것인가? _ 117
CENTRAL BREAKTHROUGH ③ 수아레스의 커트아웃 움직임 _ 120
CENTRAL BREAKTHROUGH ④ 올라운드 플레이어 포워드의 가치 _ 122

CENTRAL BREAKTHROUGH ⑤ 카카가 보여주는 2선 공격수의 공간 침투 _ 123

스리톱이 수비를 무너트리는 방법을 분석한다 _ 126

CENTRAL BREAKTHROUGH ⑥ 커트인(cut in) 플레이에 의한 돌파 _ 126
CENTRAL BREAKTHROUGH ⑦ 모드리치의 2선 돌파 _ 128

원톱의 공격 방법을 분석한다 _ 131

CENTRAL BREAKTHROUGH ⑧ 기본적으로는 스리톱과 다를 바 없다 _ 131
CENTRAL BREAKTHROUGH ⑨ 필리포 인자기의 쇼트커트(short cut) _ 133
CENTRAL BREAKTHROUGH ⑩ 제로톱(zero top)의 진화 _ 136

PART 5 측면 공격 분석법 10가지

좋은 측면 공격과 나쁜 측면 공격을 어떻게 구분할 것인가? _ 140

SIDE ATTACK ① 왜 측면 공격이 필요할까? _ 140

드리블을 살린 측면 공격 _ 143

SIDE ATTACK ② 측면 공격의 주인공은 역시 윙어 _ 143
SIDE ATTACK ③ 오른쪽 측면에 서는 오른발잡이는 왜 적을까? _ 145

수비수의 오버래핑을 정확하게 구사하고 있는가? _ 149

SIDE ATTACK ④ 풀백이 가담하는 측면 공격 _ 149
SIDE ATTACK ⑤ 저울의 원리에 의한 수비 리스크 관리 _ 150
SIDE ATTACK ⑥ 멕시코 국가대표팀의 양 측면 공격 _ 152

좋은 크로스와 나쁜 크로스를 어떻게 구분해야 하는가? _ 155

SIDE ATTACK ⑦ 베컴은 '맞춤형' 크로스를 구사한다 _ 155
SIDE ATTACK ⑧ 네덜란드식 타이밍 중시 크로스 _ 159
SIDE ATTACK ⑨ 크로스의 최적 타점 찾기 _ 160
SIDE ATTACK ⑩ 지단과 이충성의 타이밍을 만드는 발리슛 _ 162

공수전환 분석법 6가지

수비에서 공격으로 전환할 때 _ 166

CHANGE PHASE ① 아르샤빈의 제3의 쇄도가 성공률을 높인다 _ 166
CHANGE PHASE ② 호날두의 쾌속 질주 _ 169
CHANGE PHASE ③ 항상 역습 태세를 갖추고 있는 호날두 _ 170

공격에서 수비로 전환할 때 _ 173

CHANGE PHASE ④ 바르셀로나 방식의 공격 방법 _ 173
CHANGE PHASE ⑤ 이탈리아 방식의 후퇴 방법 _ 174
CHANGE PHASE ⑥ 절대로 공을 빼앗겨선 안 되는 위치 _ 175

수비 분석법 8가지

수비 진형을 어떻게 관찰할 것인가? _ 180

DEFENCE ① 압박은 하지만 효과를 거두지 못한다 _ 180
DEFENCE ② 최종 수비 라인의 위치와 센터백의 스타일 _ 183
DEFENCE ③ 진형의 너비를 설정한다 _ 186
DEFENCE ④ 상대팀 에이스를 맨투맨으로 묶는다 _ 187

DEFENCE ⑤ 커버링의 상황 판단 _ 191

수비 자세에서 정보를 읽는다 _ 194

DEFENCE ⑥ 잘못된 수비 자세는 치명적인 실수를 낳는다 _ 194
DEFENCE ⑦ 잠브로타의 수비 자세 _ 196
DEFENCE ⑧ 호날두를 잘도 막아내는 애슐리 콜 _ 197

압박 분석법 6가지

좋은 압박과 나쁜 압박을 어떻게 구분할 것인가? _ 200

PRESSING ① 독일 국가대표팀의 전원 압박 _ 200
PRESSING ② 카디프시티의 후퇴 압박 전술 _ 203
PRESSING ③ 상대의 공격 방향을 측면으로 몰아간다 _ 205
PRESSING ④ 첼시는 상대의 공격을 중앙 영역으로 몰아넣는다 _ 207
PRESSING ⑤ 중앙 영역으로 몰아넣는 또 다른 방법 _ 208
PRESSING ⑥ 최전방 압박을 통해 롱볼을 유도한다 _ 210

라인컨트롤 분석법 4가지

좋은 라인컨트롤과 나쁜 라인컨트롤을 어떻게 구분할 것인가? _ 214

LINE CONTROL ① 공격의 온(On)과 오프(Off) _ 214
LINE CONTROL ② 한계지점은 페널티박스 라인 _ 216
LINE CONTROL ③ 2선으로부터의 침투에 주의하라 _ 218
LINE CONTROL ④ 피구의 돌파를 막아내는 라인 압박 _ 220

바르셀로나 상대 전술 분석법 6가지

최강 바르셀로나를 어떻게 맞서야 하는 걸까? _ 224

- **HOW TO PLAY AGAINST BARCELONA** ① 코펜하겐의 역습 전술 _ 224
- **HOW TO PLAY AGAINST BARCELONA** ② 레알마드리드의 역습 전술 _ 227
- **HOW TO PLAY AGAINST BARCELONA** ③ 센터백을 뒤에서 쫓는 드로그바의 압박 _ 228
- **HOW TO PLAY AGAINST BARCELONA** ④ 루빈 카잔의 골키퍼 압박 _ 230
- **HOW TO PLAY AGAINST BARCELONA** ⑤ 비엘사의 전원 맨투맨 전술 _ 231
- **HOW TO PLAY AGAINST BARCELONA** ⑥ AC밀란의 반대쪽 공간 공략 _ 233

 ## 골키퍼 분석법 5가지

실력이 좋은 골키퍼와 나쁜 골키퍼를 어떻게 구분할 것인가? _ 238

- **GOALKEEPER** ① 김병지와 이운재로 본 '동적인 골키퍼'와 '정적인 골키퍼' _ 238
- **GOALKEEPER** ② 판데르사르가 막아내지 못하는 코스 _ 240
- **GOALKEEPER** ③ 정면 슈팅을 막지 못하는 골키퍼 _ 241
- **GOALKEEPER** ④ 빅토르 발데스의 니어사이드를 노려라 _ 242
- **GOALKEEPER** ⑤ 골키퍼의 테크닉을 분석한다 _ 243

 ## 세트피스 분석법 4가지

좋은 세트피스와 나쁜 세트피스를 어떻게 구분할 것인가? _ 246

- **SET PIECE** ① 킥오프를 관찰한다 _ 246
- **SET PIECE** ② 스로인을 관찰한다 _ 248
- **SET PIECE** ③ 프리킥을 관찰한다 _ 251
- **SET PIECE** ④ 코너킥을 관찰한다 _ 253

PART 13 경기 운영 분석법 9가지

경기에 영향을 끼치는 요인을 파악한다 _ 256

    GAME MANAGEMENT ① 경기의 목표는 무엇인가? _ 256
    GAME MANAGEMENT ② 홈&어웨이(home and away) 방식을 보는 포인트 _ 257
    GAME MANAGEMENT ③ 상대팀 전력을 어떻게 평가하고 있는가? _ 259
    GAME MANAGEMENT ④ 홈 어드밴티지를 만드는 요소 _ 260
    GAME MANAGEMENT ⑤ 날씨의 영향 _ 262

전술이 크게 바뀌는 순간을 파악한다 _ 264

    GAME MANAGEMENT ⑥ 하프타임 중 전술 변경 _ 264
    GAME MANAGEMENT ⑦ 선수 교체에 의한 변경 _ 266
    GAME MANAGEMENT ⑧ 경기 시간 관리 _ 268
    GAME MANAGEMENT ⑨ 파워 플레이 _ 269

PART 0

시스템 분석법
4가지

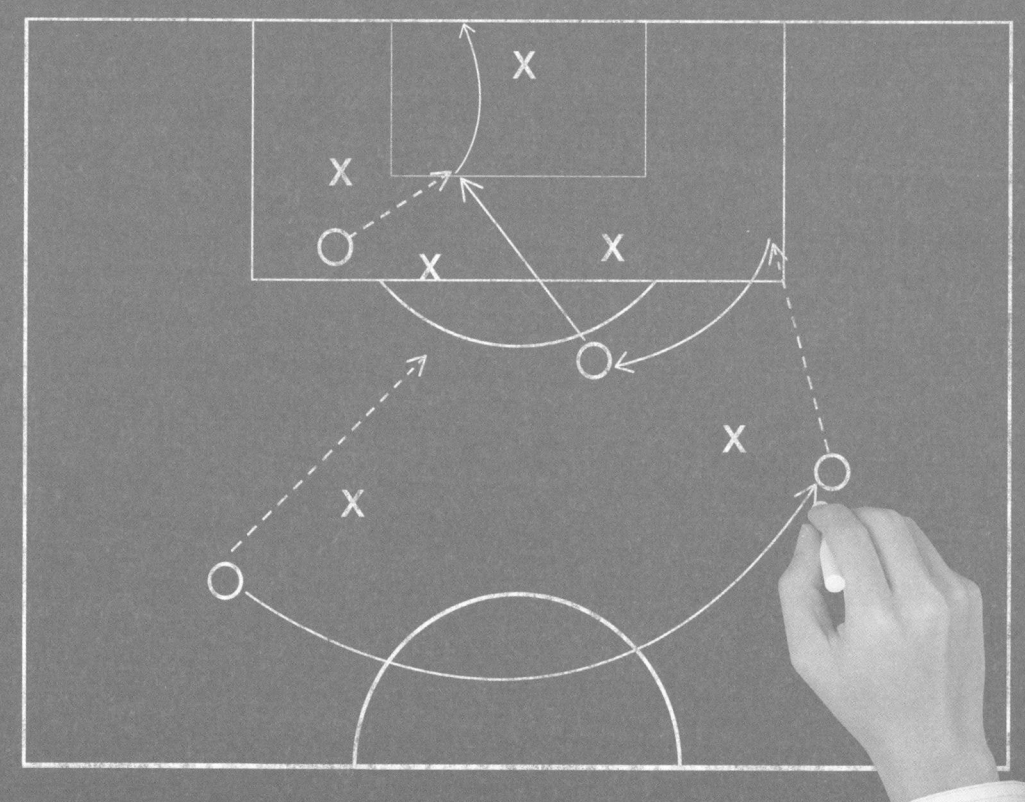

시스템은 축구 전술을
이해하기 위한 언어다

SYSTEM ①

왜 시스템이 필요할까?

왜 축구에서는 시스템이 필요한 걸까? 4-4-2, 4-2-3-1, 3-4-3, 4-3-3 등의 숫자 말이다. 축구 경기에는 이러한 포메이션이 반드시 등장한다.

예를 들어, 동네 축구에서도 경기 전에 시스템을 확인하고 각자의 포지션을 결정한 뒤에 경기를 시작한다. 또는 축구 중계에서도 반드시 경기 전에 아나운서가 포메이션을 소개한 뒤에 중계에 들어가는 것이 일반적이다.

시스템은 축구의 전술을 이해하기 위한 언어의 역할을 담당한다. 국제경기에 있어서 국제축구연맹(FIFA)에서는 그라운드의 크기를 가로 105미터, 세로 68미터로 규정하고 있다. 축구는 이 넓은 그라운드 안에서 11명의 선수가 순간적으로 의사를 소통해내야 하는 스포츠이다. 중요한 순간에는 직접 목소리를 내지만 기본적으로는 이심전심이 이루어져야 한다. 말에 의한 커뮤니케이션을 최소화하지 않으면 속도감 있는 경기를 수행해낼 수가 없다.

무언 상태에서 마음을 맞추기 위해서는 밑바탕에 깔리는 공통이해가 필요하다. 그것이 시스템이고 포지션이라는 개념이다. 예를 들어 '4-4-2시스템의 오른쪽 사이드백'이라는 표기에는 공격 시 측면을 따라 전진하고 수비 시 측면을 막으면서 센터백의 뒷공간을 커버링해야 한다는 의미가 담겨 있다.

다시 말해 시스템이라는 공통의 언어를 이용함으로써 그것을 이해하고 수행하는 선수들 사이에 축구의 이미지가 간결하고 명확히 그려지게 되는 셈이다.

'포메이션'과 '시스템'은 때때로 혼동되는 경우가 있다. 포메이션은 단순히 '4-4-2', '3-4-3'이라는 선발 포지션의 배치를 기술한 것일 뿐이다. 한편 시스템은 각각의 포지션의 동선 등을 사전에 약속해 팀으로서 기능하도록 11명의 역할을 부여해 구성한 것을 의미한다. 즉, 동일한 포메이션의 표기에서도 시스템으로서는 운용법이 얼마든지 바뀔 수 있게 된다.

시스템을 이해하면 그 팀의 기본 전술을 이해할 수 있게 된다.

SYSTEM ②
축구에 있어서 전술이란 무엇인가?

장기에서 한 개의 말에는 장점과 단점이 있다. 움직일 수 있는 방법도 정해져 있다. 축구 전술도 이런 장기와 유사하다. 크리스티아누 호날두의 장점은 빠른 종방향 돌파이다. 그러나 수비에 가담하지 않는 단점도 가진다. 종방향으로는 강하지만 뒤로는 좀처럼 내려오지 않는 레이싱카(후진 기어가 없다)와 같은 선수이다. 이런 선수의 개성을 감안해 감독은 상대팀이 나오는 모습을 관찰하면서 조직 전체가 최고의 경기력을 발휘하도록 전술을 세운다.

전술 이론에서도 축구와 장기는 공통점이 많다. 장기에서는 왕을 지키는 요령이 따로 있다. 2개의 사(士)가 있지만 공격에 가담할 수 있는 포(包), 마(馬), 상(象) 등을, 왕을 보호하기 위한 용도로 사용하기도 한다. 이른바 공수의 밸런스를 지켜야 하는데, 이는 축구 전술에 있어서의 공통인식과 매우 닮았다. 공격 시에 포백(four back) 시스템의 사이드백이 공격에 가담하면 반대쪽 사이드백은 수비에 남아 3명의 수비진을 구축해 상대의 역습에 대응한다.

2010년 남아공월드컵을 준비하는 과정에서 빈센테 델 보스케 감독이 이끄는 스페인 축구 국가대표팀에서는 양 사이드백 포지션에 세르히오 라모스(오른쪽)와 호안 캅데빌라(왼쪽)를 모두 높은 위치에 배치했다. 공격 시 상대에게 볼을 빼앗길 때마다 스페인은 위험한 장면에 빠지곤 했다. 이런 경향은 스페인 국내 프로축구리그인 라리가에서도 자주 나타났다. 바르셀로나와 레알마드리드 모두 좌우 풀백이 동시에 공격에 나서는, 즉 수비 전술의 기본을 지키지 않으면 불리한 장면을 맞이할 수밖에 없어진다. 정해진 인원수를 갖고 그라운드 위의 공간을 어떻게 이용할 것인가? 그런 고민을 정리함으로써 축구의 전술이 생겨나게 된다.

하지만 축구와 장기는 전술의 실행 단계에서 결정적인 차이를 갖고 있다. 장기는 기사의 고민 끝에 수립된 전술이 실행 단계 자체에서는 실수가 발생하기가 대단히 어렵다. 하지만 축구에서는 경기에서 뛰고 있는 11명에 의해 전술이 실행되기 때문에 기술적인 실수, 연계 과정에서의 실수 등 예측할 수 없는 수많은 사건, 사고가 벌어진다.

더불어 실행 단계상의 시간차도 존재한다. 장기는 한 수를 둘 때마다 고민할 여유가 있고 그동안에는 모든 말이 정지상태가 된다. 하지만 축구에서는 시간이 멈추는 일이 불가능하다. 계속 시간이 흘러 90분이 소요된다. 예를 들어 패스를 보낸 뒤에도 그 자리에 가만히 서서 생각할 틈이 없다. 개별 플레이마다 감독으로부터 지시가 나오길 기다릴 수도 없다. 넓은 그라운드 안에서 11명이 실시간으로 움직이면서 어떻게 상대방의 골문을 허물 것인가? 전술 계획뿐만 아니라 그 실행 단계까지 포함해 총체적으로 즐기는 것이 바로 축구이다.

이와 같은 상황 하에서 선수는 지시를 기다리는 '말'이 아니라 판단을 내려야 하는 '사람'이어야 한다. 한 사람 한 사람이 감독의 지시를 기다리지 않고 경기의 흐름 안에서 적절한 플레이를 선택하는 상황판단력을 갖춰야 한다. 이 점이 바로 한 명의 기사가 모든 말을 움직이는 장기와 11명 각자가 개인 의지를 반영한 팀플레이를 수행해야 하는 축구의 차이점이라고 할 수 있다. 바르셀로나의 칸테라(하부조직)에서 차비 에르난데스를 키워낸 지도자 조안 빌라는 "체격의 크기나 큰 키는 좋은 선수가 되기 위한 필요조건이 아니다. 선수를 볼 때는 기술이 아니라 두뇌의 움직임을 본다"는 철학을 갖고 선수를 가르친다고 알려졌다. 그만큼 축구에 있어서 자발적인 상황판단력은 중요한 요소이다.

단, 상황판단력이 아무리 중요하다고 해도 선수들이 제각각의 판단으로 뛴다면 팀은 모래알이 되는 탓에 11명 전원의 머릿속에는 동일한 전술 이미지가 그려져야 하고 서로 연결되어야 한다.

또 상황판단의 옳고 그름은 상대적이기도 하다. 완벽한 정답이라든가 오답이라고 단언하기 어려운 상황이 많다. 만약 팀이 0-1로 뒤지고 있는데 위험부담을 안은 채 득점을 노려야 하는 상황이라면 양 풀백이 모두 공격에 가담한 탓에 역습을 허용하는 작전이 꼭 틀렸다고 말할 수 없다.

그런 유동적 상황에 대처해서 11명이 공통의 이해를 바탕으로 뛰기 위해서는 상황판단의 적절성을 가릴 기준, 즉 팀 전술이 필요하게 된다. 그 전술이 정리된 상태라야만 시스템이 언어로서의 역할을 다할 수 있게 된다. 시스템 개념을 이용해 선수에게 전술을 이해시키고 훈련을 통해 본능적 수행이 가능한 수준까지 끌어올리는 일이 바로 축구에서 감독이 해야 할 일이다.

SYSTEM ③
시스템은 11명의 최대공약수를 끌어내기 위한 작업
●

최고의 시스템이란 팀 전술을 수행하기 위해서 11명의 장점을 극대화시키는 반면 단점을 최소한으로 숨길 수 있는 시스템을 말한다. '점유율 축구'를 지향하는 두 팀을 예로 들어보자.

아스널(4-2-3-1 중앙밀집형)

미켈 아르테타를 중심으로 한 패스워크가 특징인 팀이다. 양쪽 풀백이 측면에서 중앙 지역으로 다가섬으로써 선수들 간 간격을 좁히는 동시에 유동적으로 움직이면서 빠른 템포의 패스를 연결시킨다. 중앙에 밀집해 있기 때문에 양쪽 측면에 공간이 생겨 풀백들이 오버래핑을 시도하거나 2선 공격수(산티 카소를라)가 측면 쪽으로 빠져나가면서 플레이의 꼭짓점을 만든다. 아스널은 전반적으로 선수들의 기량이 뛰어나지만 리듬이 흐트러지거나 간혹 상황판단의 사소한 실수도 발생한다. 그러나 기술과 시야로 넓은 영역을 커버하는 아르테타를 경유함으로써 자잘한 실수를 만회한다.

네덜란드 국가대표팀(4-3-3 중앙 삼각형 또는 역삼각형)

양쪽 윙포워드가 측면 라인 쪽에 위치함으로써 그라운드를 폭넓게 사용하면서 볼을 돌린다. 선수들의 배치 폭이 넓기 때문에 상대팀은 누구를 압박해야 할지 고민스럽다는 특징을 지닌다. 또 상대 진영에서 공격을 시도하기 전까지는 각자의 포지션을 고정시켜 유동적인 포지션 체인지가 일어나지 않는다. 동일한 '점유율 축구'의 방식이지만 중앙 지역에 밀집해 있는 아스널과는 대조적인 시스템이라고 할 수 있다.

| 2013-14시즌 아스널 포메이션(4-2-3-1) |

아스널의 시스템은 소속 선수들의 장점인 민첩성과 운동량을 살린다는 측면에서는 하나의 완성형이라고 부를 수 있다. 거리감을 짧게 만들고 선수들의 뛰어난 테크닉을 살려 패스 템포를 빠르게 가져간다. 한편 네덜란드 대표팀은 선수들의 체격이 커서 인사이드킥을 할 때 사용하는 내전근(벌어진 상태의 다리를 오므릴 때 사용하는 허벅지의 안쪽 근육)의 힘이 세다. 덕분에 인사이드킥에 의한 패스의 강도가 다른 팀에 비해 커 상대적으로 멀리 떨어진 상태에서도 인사이드킥 패스에 의한 연결이 가능해진다. 네덜란드 대표팀 방식의 4-3-3은 네덜란드인 특유의 신체적 장점을 활용하기에 최적화된 시스템인 것이다.

4-3-3이라든가 4-4-2라는 식으로 숫자의 배열 구성만 논하는 것은 진정한 시스템론(論)이라고 말할 수 없다. 시스템의 배치에 따라 선수의 개성이 어떻게 발휘되고 있는지를 분석하지 않으면 시스템도 결국 탁상공론이 되고 만다.

아스널과 네덜란드 대표팀의 경우는 선수들의 장점을 발휘하기 위한 최적의 시스템을 구축했다고 평가할 수 있다. 하지만 시스템에 대해서 자기 자리를 잃게 되는 선수나 자신만의 장점을 발휘할 기회를 잃게 되는 선수가 나오기 마련이다. 예를 들어 아스널에서는 덩치만 큰 센터백이 뛸 수 없다. 공중볼 다툼에는 강할지라도 발 기술이 약하기 때문이다. 네덜란드 대표팀에서는 골키퍼를 활용한 볼 점유를 자주 시도하는 탓에 슛스톱(Shot-stopping) 능력이 아무리 뛰어난 수문장이라고 해도 발 기술이 없으면 선발될 수가 없다. 능력 있는 일부 선수를 잃게 되는 폐단도 생기지만, 팀으로서 일정한 형태를 갖춘 이상 불가피한 손실일 수밖에 없다. 시스템 구축은 11명이 가진 개성의 최대공약수를 도출해내는 작업이라고 생각하면 이해가 쉬워질 것이다. 시스템의 구축 초기일수록 그런 손실이 쉽게 발생한다.

시간이 쌓여감으로써 전술을 체득하게 되면 최대공약수가 서서히 최대치를 향해 근접해간다. 즉, 아스널이 기술이 뛰어난 센터백을 우선적으로 영입하거나 네덜란드 대표팀이 발 기술을 확실히 갖춘 골키퍼를 육성하는 식으로 팀의 철학에 맞는 선수들이 자연스럽게 모이게 되는 것이다.

반대의 예도 있다. 2008년 K리그 우승 이래 지금까지 부진을 거듭하고 있는 수원삼성블루윙즈이다. 선수 개개인의 강점을 살린 선 굵은 축구로 수원은 2008년 K리그 정상을 차지했다. 하지만 이듬해부터 다시 곤경에 빠져들었다. 차범근 감독의 뒤를 이은 윤성효, 서정원 감독은 공히 아기자기한 패싱 게임을 천명하면서 테크닉이 좋은 선수들 위주로 영입을 감행했다. 하지만 이미 롱패스에 익숙해져 있던 팀은 좀처럼 기술 축구라는 옷을 입지 못했다. 경기 중 이도저도 아닌 상황이 계속 연출되고 있어 팬들의 안타까움을 사고 있다.

제아무리 뛰어난 명장이라고 해도 일정한 바탕 없이 처음부터 시스템의 최대치를 이끌어낼 순 없다. 2002년 한일월드컵 당시 한국 대표팀을 이끌었던 거스 히딩크 감독이 대표적이다. 스리백(three back)을 바탕으로 극도의 압박 축구를 구사했던 히딩크 감독은 체코와 프랑스에 각각 5-0으로 대패하며 팬들의 비난을 샀다. 그러나 히딩크 감독은 자신만의 시스템 구축론을 포기하지 않았고, 그 결과는 2002년

월드컵 4강 신화로 나타났다.

SYSTEM ④
시스템의 조화를 관찰한다

시스템 분석에는 또 한 가지 중요한 시점이 있다. 팀 단위의 시스템이 아니라 상대팀과의 조화라는 측면에서 바라보는 것이다. 2011년 6월에 있었던 기린컵, 페루와 체코를 각각 상대했던 일본 국가대표팀 경기를 예로 들어보자. 알베르토 자케로니 감독은 두 경기에서 3-4-3 시스템을 구사했다. 3-4-3의 기본 특징에 대해서 자케로니 감독은 이렇게 설명한다.

❶ 측면에서 수적 우위를 만들기 쉽다.
좌우 풀백 2명이 4-2-3-1일 때보다 높은 위치에 있기 때문에 윙 포워드와의 간격이 좁아져 수적 우위를 만들기가 쉬워진다.

❷ 종방향 공격 속도가 빨라진다.
수비 숫자를 3명으로 줄였기 때문에 미드필더와 공격 쪽 사람 수가 많아져 종패스를 빠르게 운반해낼 수 있다.

❸ 숙달하기까지 시간이 걸리는 시스템이다.

3명의 수비수로는 그라운드의 가로 폭 전체를 커버할 수가 없다. 미드필더와 연계 커버 플레이를 하기 위한 많은 사전 패턴 플레이를 능숙하게 익혀야 한다.

❹ 양쪽 사이드백의 속도와 빌드업 능력이 필요하다.
백스리(back three; 일명 스리백) 중 양 측면에 서는 선수들은 빌드업의 출발점이 되는 종패스를 내주는 능력이 필요하다. 수비 시에는 빠른 스피드로 측면을 압박하는 능력이 있어야 한다.

이상 네 가지가 3-4-3시스템의 기본 특징이다. 다만 이런 특징들이 일정하게 나타난다고는 단정할 수 없다. 상대팀 시스템과의 조화에 의해 특징도 변한다.

예를 들어, 자케로니 감독이 4-3-3시스템을 구사하는 페루와의 경기에서는 양쪽 윙포워드를 양쪽으로 크게 벌렸다. 그런 상황에 맞춘 수비진 구축을 위해 양 윙백이 밑으로 처져 5-2-3과 같은 5인 수비 라인 상태로 경기를 치렀다. 이 경기에선 볼을 빼앗은 뒤에 양 윙백이 전진하기까지 시간이 소요되기 때문에 ❷번의 특징을 전혀 활용할 수 없게 된다. 공격 속도가 늦어지니 ❶번의 특징도 자연스레 발휘하기가 어려워진다. 게다가 파이브백(five back) 상태에서는 양 측면을 딱히 압박할 필요가 없는 덕분에 ❹번처럼 스피드를 살릴 수가 없어진다.

다음 경기에서 만난 상대 체코의 시스템은 4-4-2였다. 체코의 풀백이 포백 라인에 서기 때문에 4명으로 이루어진 2개의 라인이 겹쳐서 도합 8명이 밑으로 내려앉아 지키는 방식이다. 그렇게 되면 일본의 3-4-3 중 양쪽 윙백이 아무리 높은 위치까지 전진해도 밑으로 처져 있는 상대보다 ❶번처럼 수적 우위를 만들기가 어려워진다.

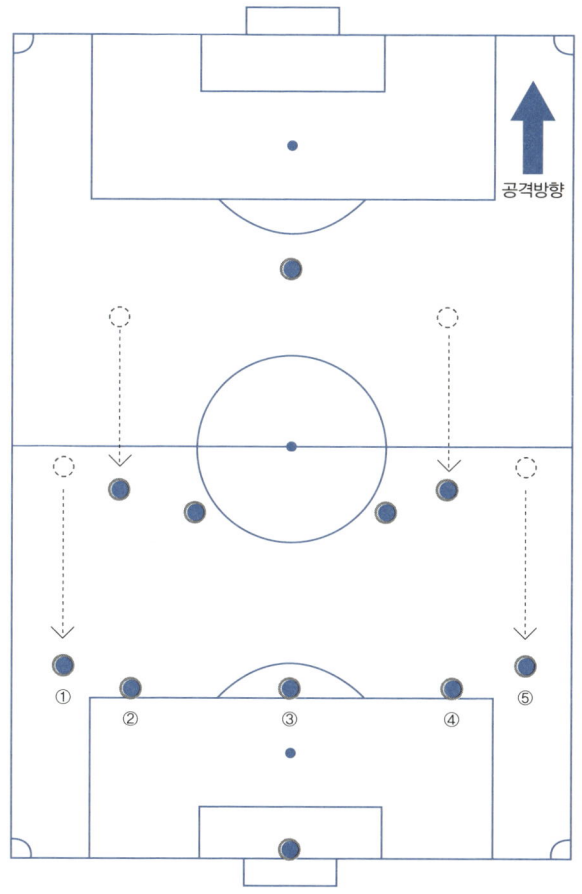

| 3-4-3 시스템에서 수비 시 5-4-1로 전환하는 예 |

이와 같이 시스템의 특징은 상대팀과의 조화에 의해 변화한다. 시스템론에서 자기 팀에 대해서만 이루어지는 분석은 아직 초보적 수준이다. 상대팀의 시스템과 함께 놓고 보면 실제로 그라운드 위에서 일어나는 각종 현상의 의미들을 해석할 수 있게 된다.

PART 1

드리블 분석법
7가지

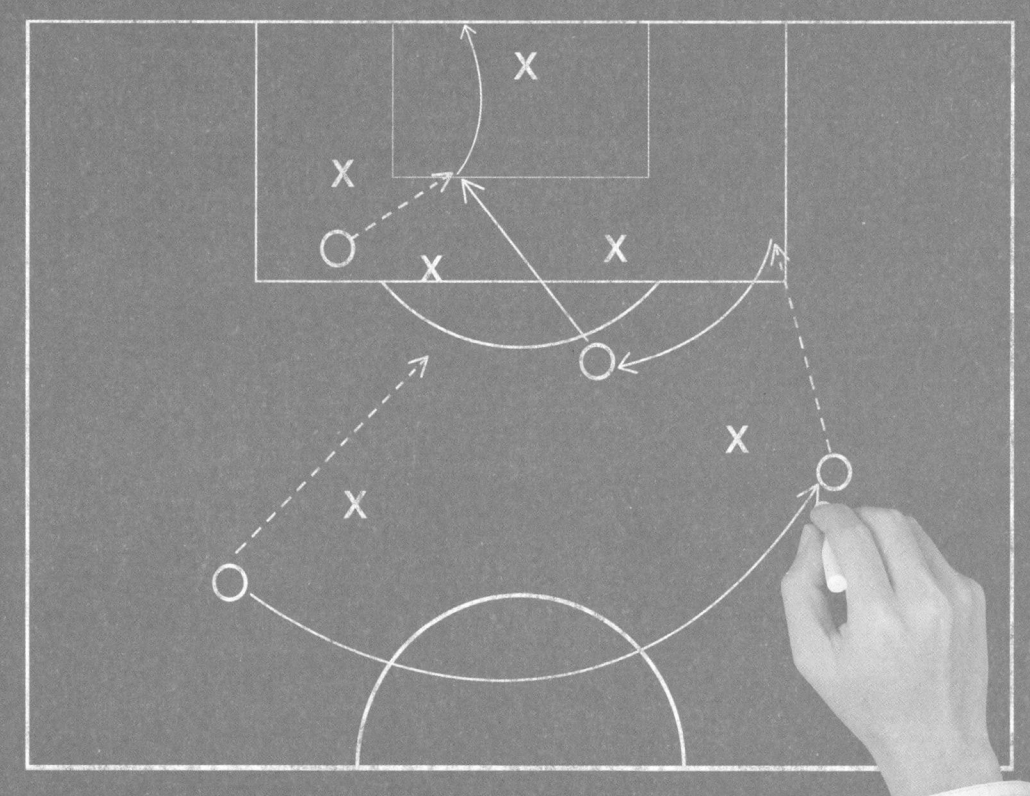

자신만의 기본자세를 갖고 있는가?

DRIBBLE ①

공을 소유하는 올바른 방법이란?

드리블에는 크게 '돌파'와 '볼키핑'의 두 가지 종류가 있다. 돌파가 뛰어난 선수로는 리오넬 메시, 크리스티아누 호날두, 카카, 아르연 로번, 네이마르 등이 유명하다. 한국에서는 이청용, 이근호, 김보경 등을 들 수 있다. 이런 선수들 모두 드리블 기술 중에서도 상대를 제치거나 따돌리는 능력이 뛰어나다. 포지션으로 말하자면 윙어 또는 2선 공격수가 많다. 항상 맞서는 상대 선수의 움직임을 관찰하면서 페인팅 등으로 상대의 신체 밸런스가 무너질 때를 잡아내어 순간적으로 빠져나간다.

한편 돌파 타입처럼 상대를 제쳐내진 않지만 빈 공간으로 공을 끌고 가는, 즉 '볼키핑 타입'의 드리블이 장점인 선수도 있다. 차비 에르난데스, 스티븐 제라드, 프랭크 램파드, 기성용, 하대성 등이 좋은 예이다. 주로 플레이메이커나 수비형 미드필더 포지션을 맡는다. 이 선수들은 직접 공을 드리블해가면서 최종적으로 패스로 상황을 타개하는 타이밍을 잘 찾는다. 그래서 눈앞에 있는 상대뿐 아니라 항상 그라운드 전체를 넓게 보려고 한다. 돌파 타입과 비교하면 고개를 들고 시선을 높게 유지시키며 발 근처에 있는 공을 바라보는 시간을 줄이는 것이 볼 키핑 타입 선수들의 특징이라고 할 수 있다.

또는 안드레아스 이니에스타나 카카와 신지처럼 돌파와 볼키핑의 중간 타입 선수들도 있다.

'드리블러(Dribbler)'라고 통칭하더라도 이처럼 드리블 기술을 사용하는 목적에 따라 다양한 타입이 존재한다. 그렇다면 그 선수들의 드리블이 뛰어난지 아닌지를 구별해내기 위해서는 어떤 점을 봐야 하는 걸까?

기본 포인트는 간단하다. '항상 동일한 볼 소유 능력을 갖고 있는지 아닌지'이다. 드리블이 뛰어난 선수는 항상 자기가 주로 사용하는 발로 공을 다룰 수 있는 위치에 공을 잡아놓는 버릇이 있다. '여기에 공을 두면 편안하게 플레이할 수 있다'는 지점이 있기 때문에 선수들은 패스를 받는 동시에 공을 그 지점에 위치시켜 항상 같은 자세로 드리블을 시작한다.

차비 스폿(Xavi Spot)

그렇게 처음 공을 두는 지점은 선수마다 다르다. 크리스티아누 호날두는 오른발 발가락 끝부분의 바로 앞이고, 메시는 왼발 바깥쪽(아웃사이드)에 공을 놓는다. 어느 지점에 공을 두는지는 그 선수의 플레이스타일과 활동 영역에 따라 바뀐다. 어쨌든 그런 자기만의 드리블 기본법을 갖춰야 한다는 점이 중요하다.

　드리블이 서툰 선수는 공을 놓는 지점이 일정하지 않다. 트래핑할 때마다 공을 놓는 위치가 달라지는 경향이 있다. 발의 안쪽이 되기도 하고 바깥쪽이 되기도 한다. 아니면 트래핑이 서툴러 허둥지둥하다가 공이 자기 발 근처에서 멈춘 다음에야 드리블을 시작하는 탓에 플레이가 느려진다. 공을 소유하는 방법이 흔들리는 선수는 다음에 어떤 플레이를 하려고 하는지를 동료에게 전달하기가 어려워지는 것이 최

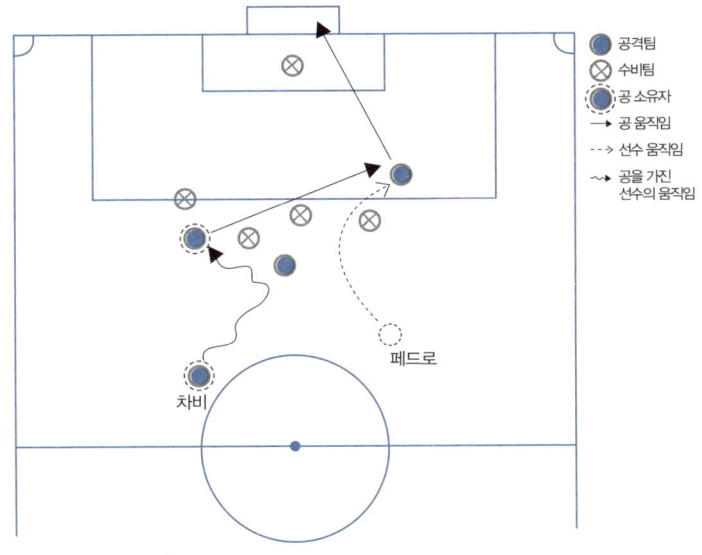

* 2010–11 UEFA챔피언스리그 결승전.

| 페드로의 선제득점 |

대 단점이 된다.

　2010-11시즌 UEFA챔피언스리그 결승전 당시, 바르셀로나의 페드로가 측면으로 돌아 들어가는 움직임으로 마크맨을 따돌린 뒤, 차비가 내준 킬러 패스를 받아 선제골을 넣은 장면이 있었다. 페드로는 '차비가 공을 주로 사용하는 발 앞에 두었을 때에는 언제라도 움직이는 동료에게 필요한 패스를 보내준다'라는 확신 하에 공간으로 파고들었다.

　이뿐 아니다. 차비가 결정적인 스루패스를 내주는 장면에는 반드시 공이 주로 사용하는 발 앞에 위치해 있다. 한 발만 사용해도 공을 찰 수 있는 '차비 스폿'에 볼이 위치해 있기 때문에 주위에 있는 동료는 안심하고 빈 공간으로 쇄도할 수 있게 된다.

드리블 기본법으로 의도를 전달한다

　항상 일정한 동작으로 공을 소유하는 선수에 대해서는 동료가 다음 플레이를 예측하고 움직일 수 있게 된다. 즉, '동료에게 의도를 전달하는 신호로서의 공 소유법'을 습득하는 것이 중요한 포인트가 된다. 기술을 습득하지 못한 선수는 의도를 전하는 신호가 되어줄 기본법을 갖고 있지 못하는 탓에 볼 컨트롤이 중구난방이 된다. 허둥대는 선수는 다음에 어떤 플레이를 하게 될지, 패스를 언제 내줄 것인지를 동료가 예측할 길이 없게 만든다.

　호날두가 발 바로 앞에 공을 두고 전진하면 동료는 '드리블 돌파하는구나. 호날두가 상대를 제친 뒤에 공을 받을 수 있는 위치로 움직여야겠다'라는 예측이 가능하다. 또는 이니에스타가 오른발 안쪽에 공을 두면 '킬러 패스를 내줄 기회를 찾고 있어. 공간으로 침투해서 스루 패스를 받자'라는 판단을 내릴 수 있다. 경기 중 선수들의 생각을 글로 적는다면 아마도 이런 이미지가 될 것이다. 물론 실전에서 선수들은 훨씬 세세하게 서로의 습관을 감각적으로 읽어내 의도를 예측하면서 플레이를 한다.

덧붙이자면, 드리블과 킥에서도 공을 두는 지점이 다르다. 드리블할 때에는 항상 터치할 수 있도록 몸 가까운 지점에 공을 두게 된다. 킥의 경우, 디딤발을 사용하기 때문에 약간 먼 지점에 공을 위치시킨다. 이런 점을 주의 깊게 관찰하면 그 선수가 다음 동작에서 어떤 플레이를 하려는가를 예측해낼 수 있게 된다.

뛰어난 선수끼리는 말이 필요 없다. 손가락을 사용해 방향을 가리킬 필요도 없다. 눈빛 교환도 필요 없다. 각자의 드리블 기본법을 갖고 있기 때문에 서로의 볼 소유법을 보기만 해도 다음 플레이의 의도를 알아차릴 수 있는 것이다.

DRIBBLE ②
리오넬 메시의 간격 컨트롤

지금부터 선수 개인의 드리블에 대해서 보다 자세히 들여다보도록 하겠다. 우선 2009-10시즌부터 4년 연속 발롱도르(FIFA 최우수선수)를 차지한 세계 최고의 드리블러 리오넬 메시이다.

메시의 드리블을 보면 그가 공을 놓는 '메시 스폿'이 왼발의 바깥쪽이라는 사실을 알 수 있다. 자기 몸의 정면에 공을 놓지 않고 측면에 두는 점이 메시의 특징이다. 메시는 체격이 작아서 다리 길이가 다른 선수에 비해 짧은 편이다. 그래서 드리블을 할 때 자기 앞에 공을 놓고 상대와 만나면 그의 긴 다리에 걸리기가 쉽다. 또 드리블 방향을 바꿀 때에도 다리 길이에서 차이가 나기 때문에 상대 선수의 긴 다리에 걸릴 수 있게 된다.

이 문제를 해결하기 위해 메시는 공을 왼발 바깥쪽에 둔 상태에서 상대 선수와 대결하는 자세를 만든다. 오른손으로 상대의 몸을 막으면서 왼발 바깥쪽으로 드리블을 하는 방법이다. 덕분에 상대 선수의 다리에 걸릴 확률이 현격히 줄어든다. 상대의 다리가 공에 근접하지 못하게 하면서 항상 공을 다룰 수 있게 된다. 메시는 공을 놓는 지점에 대해서 조금 더 고민한 덕분에 자신과 상대의 간격을 자유자재로 활용하고 있는 셈이다.

'메시 스폿'을 사용하는 선수들은 두 가지 타입이 있다. 우선 메시처럼 다리 길이가 짧기 때문에 간격의 불리함을 극복하려는 선수이다. 그중 바르셀로나의 페드로가 아주 흥미롭다. 오른발잡이인 페드로는 소속팀 바르셀로나에서 오른쪽 측면에서 주로 뛴다. 오른쪽 측면에서 오른발에 공을 놓고 중앙으로 돌파해 들어가면 수비수가 막아내기 쉬워진다. 페드로는 다리 길이가 짧아서 더욱 드리블 돌파가 어렵고, 메시처럼 압도적인 스피드도 없어 종방향의 드리블 돌파 승부가

몸을 이용해 마크맨과 공 사이에 간격을 유지한다.

불가능하다. 이런 상황에서 페드로는 어떻게 했을까?

놀랍게도 주로 사용하는 발이 아닌 왼발의 '메시 스폿'에 공을 두고 메시와 같은 방식으로 드리블 돌파를 시도한다. 물론 오른발잡이가 왼발을 사용하는 탓에 정교함이 떨어질 뿐 아니라 모든 상황에서 이 방법을 사용하지는 않지만, 체격이 작은 페드로가 오른쪽 측면에서 안정적으로 공을 소유하기 위해 고안해낸 나름대로의 비결일 것이다.

한편 페드로와 메시처럼 체격의 열세를 극복하려는 선수들과는 다른 목적으로 동일한 '메시 스폿'을 사용하는 선수도 있다. 이니에스타와 호나우지뉴처럼 플레이메이커 타입, 즉 공을 운반하면서 패스 타이밍을 찾는 선수들이다.

플레이메이커들은 시선을 든 상태에서 경기장 전체를 관찰하기 때문에 발 근처에 있는 공이나 상대 선수를 보는 시간이 줄어들어 부지불식간에 공을 빼앗길 위험이 있다. 그렇기 때문에 공을 주로 사용하는 발의 바깥쪽(메시 스폿)에 두고 상대와의 거리를 최대한 벌린 상태에서 볼 키핑을 함으로써 쉽게 공을 빼앗기지 않도록 한다. 이런 자세에서 선수는 안전하게 동료의 움직임을 관찰하면서 타이밍을 놓치지 않고 스루패스를 연결시킬 수 있게 된다.

이처럼 목적은 다르지만 간격 컨트롤은 일대일 승부에 있어서 중요한 포인트가 된다. 이를 잘하는 선수는 드리블이 뛰어나다. 결국 '공을 어느 지점에 둘 것인가'라는 드리블의 기초가 뛰어난 드리블러가 되기 위한 열쇠인 셈이다.

DRIBBLE ③
크리스티아누 호날두의 정면 승부

　이번에는 크리스티아누 호날두의 드리블을 살펴보자. 공을 오른발 바로 앞부분에 둔 상태에서 상대와 정면승부로 빠져나간다. '호날두 스폿'은 메시의 드리블과 완전히 다르다. 호날두처럼 공을 몸의 정면에 두는 드리블의 최대 장점은 종방향 스피드를 최대한 살릴 수 있다는 것이다. 호날두 외에도 가레스 베일, 애런 레넌, 헤수스 나바스 등 측면 공격수 타입의 선수는 종방향 스피드를 살리기 쉬운 '호날두 스폿'을 선호한다. 이 선수들은 특히 속공이나 역습에서 장점을 발휘한다.

　한편 '호날두 스폿'의 단점은 공을 다루는 상황에서 상대에게 간격을 내주기 쉽다는 것이다. 다만 메시나 이니에스타와는 달리 호날두는 체격이 크고 다리가 긴 덕분에 한 번의 터치로 공을 움직이는 영역이 넓다. 따라서 공을 자기 몸 바로 앞에 둔 상태에서 상대가 접근해와도 폭이 넓은 전환으로 공을 다룰 수 있다. 또는 큰 체격을 활용함으로써 볼 키핑이 가능하다. 그러므로 호날두는 공의 스피드를 살릴 수 있는 드리블을 선택하게 되는 것이다.

　발의 바깥쪽에 공을 두는 '메시 스폿'은 정방향 속도를 높이기 어려운 드리블 방법이기 때문에 호날두처럼 직선적인 일대일 승부 장면이 자연히 적다. 물론 극단적으로 중앙 영역으로 치고 들어가는 상황에서는 페인팅을 활용해 직선적으로 들어가기도 한다. 기본적으로 측

공을 오른발 끝 바로 앞에 두고 드리블한다.

면에서 공을 잡은 선수는 상대팀의 골대를 향한 돌파를 시도하는 경우가 압도적으로 많기 때문이다. 드리블 각도를 정교하게 바꾸면서 공을 운반해간다. 그런 루트 선택에 있어서 공을 두는 최적의 지점이 '호날두 스폿'이다.

물론 메시든 호날두든지 간에 항상 동일한 방법을 선택하지는 않는다. 특징을 살리기 위해서 이런 방법을 사용하는 경향이 짙다는 뜻이다. 뛰어난 선수는 모두 자기만의 플레이를 편하게 펼칠 수 있는 '스폿', 즉 드리블 기본방법을 갖고 있다는 사실을 알아야 한다.

돌파를 잘하는 선수와
막히는 선수의 차이점

DRIBBLE ④

베르바토프와 애슐리 영의 기술 차이

돌파형 드리블러에게 있어서 중요한 것은 스피드이다. 메시, 호날두, 로번, 카카, 네이마르 등 세계 톱클래스의 드리블러는 예외 없이 발이 빠르다. 만약 맞선 상대 선수와의 속도 경쟁에서 자신이 뒤진다면 페인팅을 써서 한 번 제쳐내도 금방 따라잡힌다. 또 발이 느린 드리블러를 막는 상대는 마음속으로 '한 번 속아도 금방 쫓아갈 수 있다'는 여유가 생긴다. 플레이메이커 타입의 드리블러라면 발이 느려도 상관없지만 돌파형 드리블러의 경우에는 스피드가 일류 선수가 되기 위한 필수조건이다.

프리미어리그에서 활약하는 디미타르 베르바토프. 최전방 공격수로서 뛰어난 골 결정력과 함께 볼 컨트롤이 일품이다. 놀라울 정도로 창조적인 플레이에도 불구하고 결국 그는 주위의 기대만큼 최고의 자리에 서지 못했다. 이유는 느린 발 때문이었다. 달려드는 수비 동작을 피하는 능력은 최고였지만 따돌리는 능력이 떨어진다. 최전방 공격수인 탓에 수비수들 틈에 갇히는 상황이 많은데, 베르바토프는 뛰어난 볼 키핑 능력으로 좀처럼 공을 빼앗기지 않는다. 그러나 스스로 빠져 나오지 못한 채 대부분 동료에게 패스를 내줌으로써 플레이를 끝낸다.

토트넘에서 뛰던 2007-08시즌 내내 베르바토프는 빅클럽으로부터 뜨거운 구애를 받았다. 2시즌 연속 20골 이상을 넣었으니 당연한 주목도였다. 그러나 레알마드리드나 바르셀로나 같은 메가 클럽보다 같은 프리미어리그 내에서만 이야기가 맴돌았다. 영국 현지 기자들 사이에선 '만약 베르바토프가 빠르기까지 했다면 일찌감치 바르셀로나에서 뛰었을 것'이라는 믿음이 정설로 통했다. 2008년 여름 맨체스터 유나이티드로 이적했지만, 3천만 파운드라는 고액 몸값에 어울리는 활약을 하지 못한 채 2012년 여름 이적시장에서 풀럼으로 이적했다.

베르바토프와 대비되는 드리블러로는 같은 팀에서 활약한 애슐리 영이 있다. 발 기술 면에서는 베르바토프보다 떨어지지만 A.영은 돌파 능력에서만큼은 알렉스 퍼거슨 전 맨유 감독으로부터 신임을 얻었다. 왓포드와 애스턴 빌라에서부터 A.영은 빠른 드리블로 상대팀 측면 수비를 무너트리는 능력을 높이 평가받았다.

이탈리아 축구의 명장 파비오 카펠로 감독은 2000년대 말 세리에A를 주름잡던 카카(당시 AC밀란)에 대해서 "그의 최대 무기는 스피드"라고 말했다. 스피드를 떨어트리지 않으면서 정교한 드리블이 가능한 선수라야만 최고 수준에 다다를 수 있다는 사실을 알 수 있다. 공을 빼앗으려는 상대 선수의 움직임을 단순히 피해내는 것이 아니라 그 다음에 이어지는 동작까지 빨라야 한다는 점이 중요하다.

DRIBBLE ⑤
수비수의 '강한 쪽'과 '약한 쪽'을 어떻게 구분해낼까?

앞선 설명처럼 볼을 잡아놓는 방법은 다양하다. 발이 빠르더라도 드리블러는 일류와 이류 선수로 나뉘게 된다. 그 기준은 무엇일까?

메시의 드리블을 보고 있으면 상대 선수에 대해서 특별한 페인팅을 시도하지 않으면서 잘도 빠져나가는 모습이 자주 발견된다. 물론 볼 터치의 정교함과, 앞서 설명한 것처럼 공을 잡아놓는 지점으로 상대 선수와의 간격을 컨트롤하는 점이 중요하다. 여기에 또 한 가지 포인트가 있다면, 메시가 상대 선수의 약한 쪽으로 드리블을 해나간다는 것이다.

2007년 코파델레이(스페인국왕컵; FA컵과 동격)의 헤타페전에서 메시가 다섯 명을 제치고 넣었던 득점 장면을 생각해보자. 이 골장면은 1986 멕시코월드컵에서 디에고 마라도나가 잉글랜드를 상대로 해냈던 플레이와 너무나 닮았다. 심지어 골을 넣기까지의 볼 터치 횟수까지 똑같았다는 사실이 큰 화제를 낳았다. 돌파 과정을 보면, 우선 첫 번째 상대 선수가 달려들었을 때 메시는 뛰어난 간격 컨트롤로 공을 살짝 움직여 수비를 피했다. 두 번째 상대 선수는 메시의 측면에서 나란히 뛰며 쫓아갔다. 이런 상황에서 공격수가 계속 드리블 질주를 하게 되면 압박을 받는 탓에 측면으로 밀려나게 된다. 여기서 메시는 상대 선수의 등 뒤쪽으로 코스를 바꿔 빠져나갔다. 수비수의 역동작 방향을 공략하는 것이 중요 포인트이다.

인간의 신체 구조상 앞쪽을 향해서는 발을 쭉 뻗을 수 있지만 공이 뒤쪽에 있으면 몸 전체를 돌리기 위해 시간이 걸리기 때문에 반응 속도가 늦어진다. 당연히 뒤쪽은 눈으로 확인하기도 더 어렵다. 생각하면 매우 당연한 이론이다. 인간은 생체역학상 등 뒤쪽에 대한 대응 속도가 더딜 수밖에 없다.

사실 메시가 3명째를 제쳤을 당시에도 속도를 살린 메시가 측면 쪽으로 돌파 방향을 잡을 것이라고 잘못 판단한 수비수는 몸을 측면 쪽으로 향한 상태에서 따라가려고 했다. 하지만 메시는 중앙으로 드리블 방향을 꺾었다. 여기에서도 상대의 등 뒤쪽을 드리블 코스로 잡은 것이다.

이처럼 메시는 상대의 자세 중 정면이 '강한 쪽', 등 뒤쪽이 '약한 쪽'이라는 사실을 본능적으로 이해하고 있는 상태에서 상대의 약한 쪽을 돌파 방향으로 잡고 있다. 물론 상대는 자신의 뒤쪽을 내주지 않기 위해서 항상 신경을 쓰지만 메시는 섬세한 터치를 이용해 상대 선수를 무너트린다. 좌우로의 스텝 페이크(Step fake)로 수비수의 균형을 무너트리거나 가랑이 사이를 노리는 등 다양한 방법으로 상대의 약한 구석을 만들어 몸의 뒤쪽을 공략한다는 의미이다.

이처럼 강한 쪽과 약한 쪽은 상대의 미묘한 몸짓에 의해 0.1초 단위로 뒤바뀌는 탓에 머릿속 계산만으로는 절대로 찰나의 순간을 잡아낼 수 없다. 사실 메시나 호날두처럼 세계 최고 수준의 드리블러에게 "당신처럼 드리블하려면 어떻게 해야 하는가?"라고 물어보면 "나도 모른다. 나는 아무것도 생각하지 않고 감각만으로 드리블을 할 뿐이다"라는 대답이 돌아올 뿐이다. '약한 쪽'을 공략한다고 해도 머리가 아니라 감각만으로 실행 가능한 수준으로 기술을 체득하지 못한다면 진정한 의미의 뛰어난 드리블러가 될 수 없다.

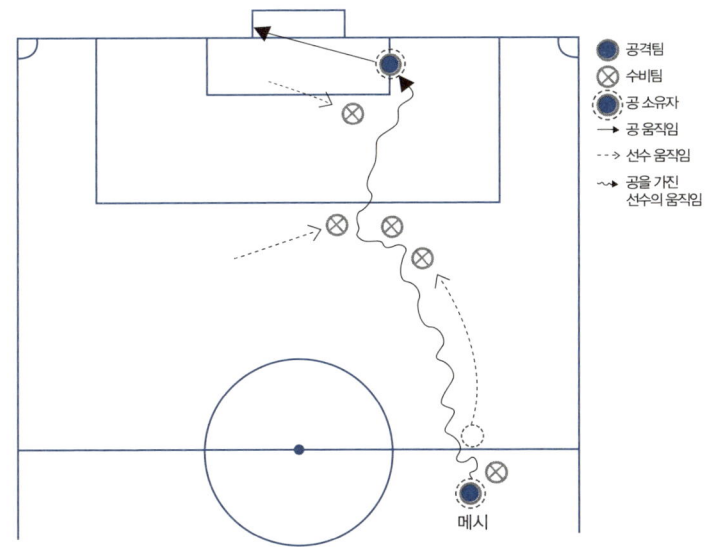

* 2006-07시즌 코파델레이, 바르셀로나 5-2 헤타페(2007.4.18)

| 메시의 5인 돌파 득점 |

DRIBBLE ⑥
발바닥 사용은 좋은 방법?

발바닥을 사용하는 드리블이나 트래핑은 지금까지 브라질, 아르헨티나 등 남미 선수들의 전유물이었다. 하지만 최근에는 유럽이나 아시아에서도 발바닥을 자주 사용하는 선수들이 늘고 있다. 이 기술은 원래 작은 코트를 사용하는 풋살에서 생겨났는데 현대 축구는 그라운드를 콤팩트하게 밀집시키는 경향이 짙다. 즉, 축구에서의 거리감이 풋살에 가까워지고 있기 때문에 좁은 공간을 타개하려는 테크닉의 습득 방법으로서 공격수들에게 자연스럽게 스며든 결과라고 봐도 좋을 것 같다.

발바닥 사용의 이점은 크게 두 가지가 있다.

❶ 컨트롤의 힘 조절이 쉬워진다.

인사이드를 이용해 패스를 트래핑할 때는 굴러오는 공에 대한 타이밍을 맞추기 위해 발을 약간 뒤로 빼어줌으로써 공의 세기를 흡수해야 한다. 공중으로 던진 달걀을 잡기 위해서 뻗은 손을 뒤로 빼면서 세기를 흡수시켜 멈추게 하는 조절행위이다. 발을 이용하면 그런 힘 조절이 어려워지는데, 발바닥은 그렇게 부가적인 동작이 필요 없다. 발바닥과 지면 사이에 공을 끼우는 방식으로 공을 확실히 멈추게 할 수 있다. 카를로스 테베스 등은 그런 특성을 다음 동작으로 이어가기 위해 상대를 등지고 선 상태에서 발바닥을 자주 이용한다.

발바닥을 이용해 공을 컨트롤한다.

❷ 발바닥으로 공을 받은 상태에서는 전후좌우 어느 각도로든지 움직이기가 쉽다.

리켈메, 호날두, 호비뉴 등은 단순히 공을 세우는 것에 그치지 않고 발바닥으로 공을 굴리면서 돌파를 위한 틈을 찾는다든지 좌우로 움직이면서 다양한 방향으로의 드리블을 시도한다. 같은 자세에서 다양한 방향 전환이 가능한 것이 발바닥 드리블의 장점이다.

한편 발바닥 기술의 단점은 다음의 세 가지 정도이다.

❶ 인사이드나 아웃사이드에 비해 공을 다루는 속도가 느리다.
❷ 발바닥으로 컨트롤할 때는 디딤발이 서 있어야 하기 때문에 신체 균형이 불안정해진다.
❸ 발바닥 기술은 공이 신체 중심의 바로 밑에 놓이게 된다.

안드레아 피를로, 데이비드 베컴, 스티븐 제라드 등 롱킥을 장점으로 하는 선수는 ❸번의 단점을 방지하기 위해 발바닥을 거의 사용하지 않는다.

발바닥으로 공을 받을 때는 디딤발과 공의 거리가 너무 짧아지기 때문에 한 번 공을 굴림으로써 공을 신체로부터 약간 떨어트려야 강한 킥 동작이 가능해진다. 그런 선수들은 동료의 움직임을 최적화된 핀포인트 패스를 보낼 타이밍을 놓치지 않기 위해 롱킥 동작으로 연결하는 과정이 긴 발바닥 기술을 그다지 사용하지 않는다. 발바닥을 선호하는 선수와 그렇지 않은 선수의 차이점은 각자의 플레이 스타일에서 기인하는 셈이다.

DRIBBLE ⑦
아르헨티나 선수들은 시저스 페인팅을 하지 않는다

발바닥 기술처럼 페인팅의 종류도 플레이 스타일에 따라 호불호가 갈린다. 공을 차는 척하면서 그 위로 헛다리를 짚는 시저스 페인팅은 호비뉴, 호나우지뉴, 네이마르 등 브라질 선수들이 애용하는 전통적인 페인팅 기술이다. 하지만 흥미로운 점은 같은 남미 출신이라고 해도 아르헨티나 선수들은 거의 이 페인팅을 사용하지 않는다는 사실이다.

시저스는 공을 자기 몸의 앞에 둔 상태에서 페인팅을 걸기 때문에 브라질 선수에 비해 체격이 작은 아르헨티나 선수는 일단 그 위치에 공을 두는 선수가 거의 없다. 또 헛다리를 짚을 때 발로 공을 건드리지 않기 때문에 드리블 속도가 떨어진다는 것도 단점으로 작용한다.

아르헨티나에서는 '보비 풋볼'이라는 공놀이를 즐긴다. 풋살 코트보다도 작은 코트에서 많은 아이들이 뒤섞여 하는 종목으로 유명하다. 어릴 때부터 그렇게 좁은 구장에서 상대가 계속 연이어 달려드는 환경에서 발기술을 익히기 때문에 시저스 페인팅을 시도할 틈이 없다. 그런 환경에서 태어나 자란 메시, 세르히오 아구에로, 테베스 등의 아르헨티나 선수들은 섬세한 터치와 몸을 사용한 페인팅으로 밀집지역에서 빠져나오는 드리블에 일가견이 있다. 시저스 페인팅처럼 드리블 속도를 떨어트리는 페인팅은 플레이 스타일에 맞지 않는 것이다.

    페인팅 기술은 많으면 많을수록 좋다고 말할 수 없다. 사실 선수들은 자기 스타일이나 체격에 알맞은 기술을 선택해서 사용한다. 그런 부분까지 파악할 수 있다면 축구를 분석하는 눈이 보다 더 넓어질 것이다.

PART 2

킥과 트래핑 분석법
6가지

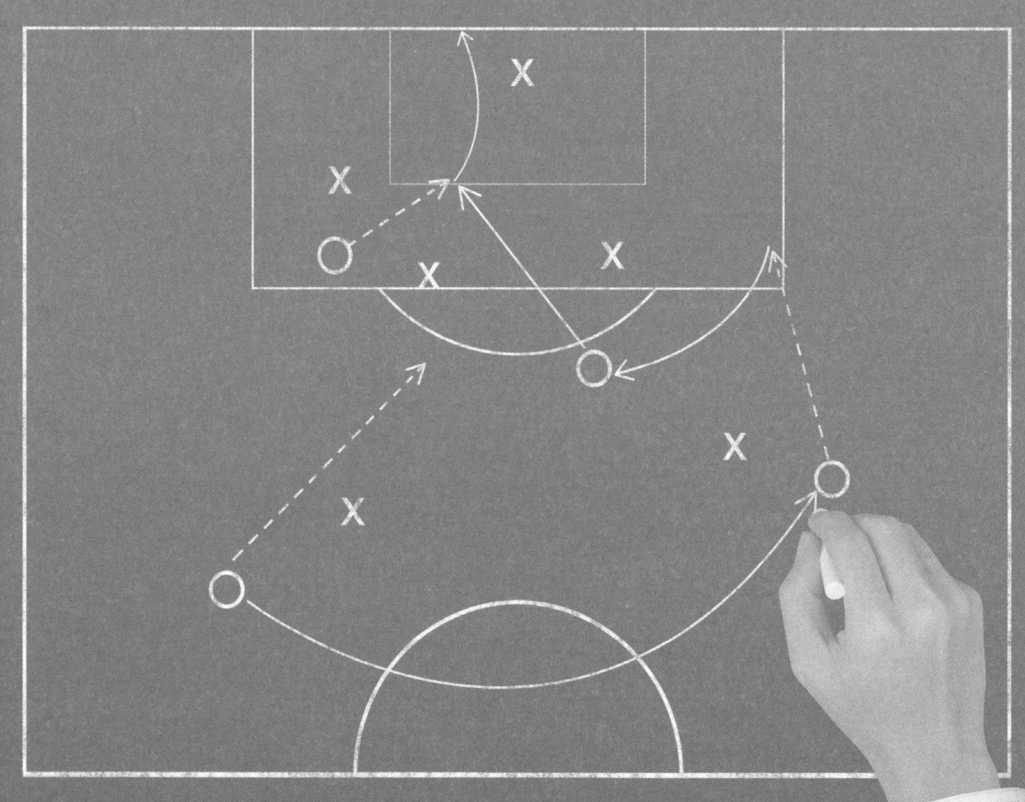

올바른 트래핑과 잘못된 트래핑을 어떻게 구분할 것인가?

KICK & TRAP ①

지단과 메시의 대조적인 트래핑

월드 클래스 선수는 공을 받는 기술이 뛰어나다. 공을 '받아 세운다'는 것보다 스터드(축구화의 발바닥 부분)에 접착제라도 발려져 있는 것마냥 공이 발에 찰싹 달라붙는 것 같은 느낌이다. 그중에서도 압도적인 기량을 가졌던 선수가 바로 지네딘 지단이다.

지단의 트래핑은 부드럽다

지단의 트래핑은 아름답다. 아무리 강한 패스가 날아와도 그의 발에 닿는 순간 감쪽같이 정지되는 부드러움이 있다. 그의 플레이를 잘 들여다보면 공을 세울 때의 자세에 차이가 있다는 사실을 알 수 있다.

머리부터 발끝까지 바짝 구부린 상태에서 허리와 무릎 등 각 관절 부위를 조금씩 각도를 조절해서 공을 받아낸다. 몸 자체를 쿠션처럼 만들어 발 부위뿐만 아니라 몸 전체를 이용해 부드럽게 공의 충격을 흡수할 수 있다. 지단의 트래핑 기술이라면 달걀이라도 깨트리지 않고 받아낼 수 있을 것 같은 느낌이다.

지단의 자세를 좀 더 자세히 관찰하면 중심이 발뒤꿈치 쪽에 있다는 사실을 알 수 있다. 트래핑할 때 발뒤꿈치 쪽에 중심을 두고 관절을 조금씩 구부려 편안한 자세로 서서 관절의 쿠션을 이용하기 쉽게 만든다. 동양인은 발가락 쪽에 중심을 두는 사람이 많다고 한다. 중심이 발가락 쪽에 놓이면 관절을 구부리거나 펴기가 어려워져 몸의 쿠션을 활용하기가 어려워진다. 이처럼 훌륭한 선수의 자세와 중심을 관찰하면 새로운 것을 발견할 수 있다.

메시는 발 앞부분만으로도 정확히 공을 세운다

지단처럼 몸을 크게 사용해 탄력을 만들어내는 선수와는 반대로 발 앞부분의 움직임만으로 공이 발에 닿는 순간 충격을 흡수해버리는 선수도 있다. 대표적인 선수가 메시이다. 발목의 가동 범위는 수십 센티미터 정도에 불과한데 그 사소한 폭으로 공이 발에 와 닿는 순간에 발목만 살짝 아래로 빼면서 공의 세기를 없앤다. 몸 전체의 쿠션을 사용하는 지단의 방식과는 다르게 메시의 방법은 발을 빼는 타이밍이 상당히 어렵다. 그러나 지단의 방식보다도 동작의 크기가 작기 때문에 돌발적인 패스에도 쉽게 대응할 수 있다는 이점이 있다.

메시 외에 2000년대 AS로마에서 활약했던 빈센초 몬텔라도 이런 발목의 움직임을 이용하는 트래핑에 능했다. 그의 일본인 동료 나카타 히데토시는 "몬텔라는 아무리 세게 공을 차 보내도 쉽게 받아낸다"라며 몬텔라를 칭찬한 적이 있다. 발의 움직임 속도가 중요하기 때문에 큰 체격보다는 작은 체격의 테크니션 스타일의 선수들이 주로 사용하는 기술이다.

KICK & TRAP ②
차비는 주변을 세 번 본다

2008-09시즌 UEFA챔피언스리그 결승전. 바르셀로나는 맨체스터 유나이티드를 만나 2-0 승리를 거뒀다. 내용적으로도 차비를 중심으로 한 패스워크가 환상적으로 이루어져 완벽하게 경기를 지배했다. 경기 후 패장 알렉스 퍼거슨은 "차비는 지금까지 축구를 하면서 공을 빼앗겨본 적이 한 번도 없지 않을까?"라며 극찬을 보냈다. 왜 차비는 공을 빼앗기지 않는 걸까?

비결은 '정확한 상황판단을 내릴 수 있는 능력' 외에는 따로 없다. 패스를 오른발 쪽에 세울지, 왼발 쪽에 세울지, 전진할 것인지, 횡방향으로 움직일지, 아니면 트래핑을 크게 해서 상대를 따돌릴 것인지…… 패스를 받는 장소를 선택하는 판단은 무수히 많다. 트래핑은 앞에서 다루었듯이 공을 제대로 받는 점도 중요하지만 '정확한 위치에 공을 두는 판단력'을 포함한 총체적인 능력이 필요하게 된다.

일부 국가의 축구협회는 지도 가이드에서 '트래핑'이란 단어를 사용하지 말 것을 권고한다. 트래핑이라는 단어는 발 근처에 그대로 공을 세워둔다는 어감이 강한 탓에 다음 동작을 위한 '퍼스트 터치'로서 '공을 어디에 둘 것인가'라는 판단에 방해가 된다는 주장이다. 일견 신빙성 있는 아이디어일 수도 있다.

어쨌든 발 근처에 공을 세우는 '트래핑'이 아니라 다음 플레이로 연결되는 '퍼스트 터치'로서의 공을 세우는 방법이 과연 가능한 것일까? 그 차이점을 보면 뛰어난 선수와 평범한 선수의 구분이 확연하게 드러난다. 이 부분을 의식하면서 경기를 관전하면 대단히 재미있어진다.

뛰어난 선수는 '무엇을' 보고 있는 걸까?

정확한 판단으로 퍼스트 터치를 행하기 위해서는 공을 세우는 순간에 주위 상황을 파악하고 있어야 한다. '시야가 넓다'라고 평가받는 선수는 그라운드 위에서 도대체 '무엇을' 보고 있는 걸까? 그들이 수집하고 있는 정보는 다음과 같다.

- 내가 지금 어디에 있는가?
- 동료는 어디에 있는가?
- 상대의 수비 압박은 있는가?
- 상대는 어느 방향에서 다가오고 있는가?

· 상대와의 거리는 몇 미터 정도인가?

이런 요소들을 파악하고 자기가 어떤 상태에 있는지를 순간적으로 판단한 상태에서 퍼스트 터치를 결정한다. 예를 들어 다음과 같은 흐름이다.

❶ 내가 자유로울 때
상대의 압박이 없는 덕분에 기본적으로는 상대 골문 방향으로 몸을 향하고 공을 세워야 하는 상황이다. 만약 자유롭게 앞으로 나갈 수 있음에도 불구하고 자기 골문을 향해 공을 세워 놓는다든가, 또는 다이렉트 백패스를 보내버리는 판단을 내린다면, 명백한 판단 착오라고 할 수 있다. 자유로운 상황에서는 앞을 향해 공을 세운 뒤 전진한다. 이것이 원칙이다.

❷ 상대가 다가오긴 하지만 아직 거리에 여유가 있을 때
공을 세운 순간, 상대가 자기 쪽으로 다가오고 있긴 하지만 트래핑하는 순간에 압박을 당할 만큼 가깝지 않은 상황이다. 평범한 선수라면 부담감을 느껴 백패스로 상황을 모면하는 경우가 많다. 하지만 기술이 좋은 선수는 여기에서 용기를 갖고 상대 골문 방향으로 공을 세워 맞대결을 펼칠 수 있다. 그러면 거꾸로 다가오는 상대 선수에게 '여기서 놓쳐버리면 돌파를 허용하게 된다'는 심리적 부담감을 줄 수 있게 된다. 차비, 제라르 피케 등 수비수나 볼란치(수비형 미드필더)

포지션의 선수는 이렇게 위험성이 있는 플레이를 선택하기가 어렵다. 하지만 이니에스타, 루카 모드리치, 웨인 루니 등의 공격적인 선수는 이렇게 적극적인 트래핑을 장점으로 삼고 있다.

❸ 상대가 바짝 다가서 있을 때

상대가 바짝 다가서 있는 상황에서는 무리하게 전방을 향하면 볼을 빼앗길 위험이 있다. 이럴 때에는 볼 키핑이 우선시된다. 자기 몸으로 공을 숨기고 상대를 막은 상태에서 백패스 또는 횡패스 등 동료를 활용해 전개한다. 중요한 점은 굴러오는 공을 받으러 나가주는 동작이다. 상대가 바짝 다가서 있는 상황이기 때문에 그 자리에 멈춰 선 채로 공이 굴러오기를 기다리면 상대가 먼저 인터셉트할 수도 있다. 뛰어난 선수는 자기가 먼저 공을 받으러 나가는 동시에 상대와 공 사이에 자기 몸을 넣으면서 트래핑을 하는 습관을 지닌다.

뛰어난 선수는 '언제' 주변을 보는 걸까?

판단의 재료가 되는 주변 상황을 '언제' 볼 것인가도 중요 포인트라고 할 수 있다. 대표적인 사례가 바르셀로나의 차비이다. 그는 패스를 받아 다음 동작으로 옮겨갈 때까지 주변을 세 차례 둘러보는 플레이를 한다. 그 세 번의 타이밍은 다음과 같다.

❶ 동료가 공을 갖고 있을 때

이른바 '오프더볼(Off the ball)' 상태이다. 주변을 보면서 패스 코스가 어디에 있는지를 판단하면서 다음 플레이의 이미지를 만들어 놓는다.

❷ 동료가 보낸 패스가 내게로 오고 있을 때
　이 상황이 가장 어렵다. 동료가 킥을 한 순간은 공을 봐두고 어느 정도 속도와 어떤 각도로 자기 발에 도달할지를 계산한다. 그리고 공이 굴러오는 동안에 공에서 시선을 떼서 주변을 빠르게 관찰한다. ❶번의 상황에서 포지션이 이동한 선수는 누구인가? 그것을 파악해낼 수 있는 선수는 시야의 폭이 한 단계 위에 있다고 할 수 있다. 다만, 그라운드 상태가 나빠 잔디가 울퉁불퉁한 상황에서는 공이 언제 불규칙 바운드를 일으킬지 모르기 때문에 공을 주시해야 한다. 따라서 ❷번의 타이밍으로 주변 시야를 확보하기가 어렵게 된다. 축구 후진국의 원정 경기에서 강팀이 고생하는 이유 중 하나이기도 하다.

❸ 공을 세우는 순간
　❷번에서 판단한 상황에 따라서 퍼스트 터치를 했을 때, 상대 선수가 어떤 반응을 하고 있을까, 를 파악한다. 예를 들어 역방향을 공략하는 퍼스트 터치를 해서 상대가 걸려들었는지 아닌지 등이다. 걸렸다면 그대로 마크맨을 따돌리고 상대 골문 방향을 향해 전진하고, 걸리지 않았을 때에는 볼 키핑을 우선시해야 한다.

　차비나 마이클 캐릭처럼 기술 수준이 높은 플레이메이커는 이와 같은 패스를 받는 순간에 주변을 세 번 또는 그 이상 파악할 수 있다.

공을 보지 않고 주변을 살피면서 드리블한다.

기술을 습득하지 못한 선수는 굴러오는 공의 궤적을 이미지화할 수 없기 때문에 계속 공을 주시하는 탓에 ❷번에서 관찰할 타이밍을 놓친다. 또는 트래핑 자체가 흔들리기 쉽기 때문에 몇 번이고 공을 터치해야 하는 동안 ❸번의 타이밍을 놓치게 된다. 이런 관점을 바탕으로 공을 세우는 순간의 선수를 보면 퍼스트 터치가 뛰어난지 아닌지를 간단하게 파악해낼 수 있다.

KICK & TRAP ③
온몸으로 상대를 등진 상태에서 포스트플레이를 한다

차비 같은 플레이메이커와는 달리 센터포워드는 상대 진영의 밀집지대에서 뛰어야 한다. 자유로운 상황에서 공을 트래핑하는 상황이 거의 없고 상대 수비수에게 밀착 마크를 당한 상태에서 공을 받아야 하는 경우가 많아진다. 센터포워드는 그 상황에서 벗어나지 않고 상대 수비수가 따라붙은 상태로 볼 키핑을 하면서 포스트플레이로 동료를 활용하는 기점이 되어야 한다. 이때 센터포워드가 수행하는 포스트플레이의 자세로는 크게 두 가지 패턴이 있다.

❶ 반신을 이용해 상대 수비를 막는다.

자기를 마크하는 상대 수비수를 옆 방향으로 세워 자신의 한쪽 어깨와 팔을 상대의 몸에 갖다 댄 자세를 취한다. 이를 '반신 자세'라고 말한다. 그리고 상대의 몸과 닿지 않은 쪽의 발을 사용해 공을 트래핑한다. 이 자세의 이점은 자기 몸의 반쪽, 즉 수비수로부터 떨어져 있는 트래핑이 가능하다는 것이다. 수비수는 항상 발을 집어넣어서 공을 빼앗으려고 하지만 반신 자세로 거리를 떨어트리면 그런 시도를 막기 쉬워진다.

이 자세를 선호하는 선수 중에는 주로 다리 길이가 짧은 작은 체격의 공격수들이 많다. 예를 들어, 테베스, 아구에로, 루니 같은 선수들이다. 그대로 등진 상태에서 패스를 받으면 상대 수비수의 발이 공에 닿게 되기 때문에 이 같은 요령이 필요하게 된다. 그러나 이 자세에는 단점도 있다. 반신으로 트래핑을 하면 볼 키핑은 쉬워지지만 상대 골문이 자기 측면에 있게 되기 때문에 그 상태에서 마크맨을 돌파할 수 있는 기술의 폭이 매우 좁아진다.

❷ 상대를 등진다.

상대를 측면으로 대하지 않고 등 전체를 밀착시키는 자세이다. 체격이 큰 선수는 이 자세를 선호하는 경향이 짙다. 가장 큰 장점은 볼 키핑이 아니라 상대를 등으로 밀면서 회전축처럼 사용해 턴(turn)하면서 그대로 상대 골문 방향을 향하는 기술 구사가 가능하다는 것이다. 즐라탄 이브라히모비치, 디디에 드로그바 등의 선수들이 매우 능숙하게 해내는 플레이라고 할 수 있다. 반신 자세에서는 기대하기 힘든 '돌파에 대한 걱정'을 상대 수비수에게 심어줄 수도 있다. K리그에서는 이동국과 설기현이 이런 등지는 플레이에 능하다.

몸 뒤쪽 전체를 마크맨의 몸에 밀착시키고 공을 다룬다.

상대 수비수에게 공을 빼앗길 가능성이 반신 자세보다는 높지만 큰 체격의 선수는 다리 길이가 길기 때문에 수비수가 쉽게 공을 건드리기가 어렵다. 자신의 체격 특징을 살리는 플레이라고 할 수 있다.

이처럼 축구선수는 자신의 장점을 어떻게 살리는가, 자신의 단점을 어떻게 극복할 수 있는가를 항상 생각하면서 뛰고 있는 것이다.

올바른 킥과 잘못된 킥을 어떻게 구분할 것인가?

KICK & TRAP ④

킥의 퀄리티를 보려면 디딤발을 보라

"디딤발이 너무 앞서 있었다."

문전 슈팅 기회에서 선수가 킥 실수를 했을 때 TV 해설자가 흔히 이런 설명을 한다. 이는 선수가 받아놓은(트래핑해놓은) 공이 자기 몸의 중심축에 놓였다는 의미다. 이런 상황은 왜 잘못된 것일까?

킥을 할 때에는 전방에 디딤발을 내딛고 차는 발을 휘둘러(스윙) 몸 중심의 이동과 함께 공을 임팩트(impact)시켜야 위력적인 킥을 만들 수 있다. 하지만 공이 자기 몸과 너무 가까이 있으면 차는 발의 스윙 궤적이 충분치 않아 힘 있는 임팩트를 할 수 없게 된다. 공을 앞으로 보내는 힘이 부족하기 때문에 공이 위로 뜨게 된다.

디딤발의 위치는 킥에 있어서 가장 중요한 요소라고 해도 과언이 아니다. 피를로, 제라드, 손흥민 등 킥 능력이 뛰어난 선수의 폼을 주의 깊게 관찰하면 디딤발의 위치가 항상 안정되었다는 사실을 알 수 있다. 반대로 킥에 서툰 선수, 즉 앞선 설명처럼 슈팅이 자주 뜨는 선수는 디딤발의 위치가 매번 불규칙적이다.

또 하나의 포인트는 공을 찬 뒤의 신체 균형이다. 물론 여유가 없는 상황에서 어떻게든 슈팅을 때리는 경우는 예외로 해야 할 것이다. 하지만 그다지 상대의 압박이 심하지 않은 상황임에도 불구하고 킥 자세가 불안하게 흔들리는 선수는 근본적으로 킥에 재주가 없다고 말할 수 있다.

2010-11시즌 스코티시컵 결승전에서 기성용(당시 셀틱)의 선제 결승골 장면을 보자. 아크(페널티박스 앞의 반원) 왼쪽에서 패스를 받은 기성용은 수비수의 움직임을 피해 자신의 왼쪽으로 공을 트래핑한 뒤 왼발 중거리 슈팅을 때렸다. 강력한 슈팅은 수비수들 사이를 뚫고 지나가 상대팀(마더웰) 골문 왼쪽 구석에 정확히 꽂혔다.

기성용의 슈팅 자세를 보면 공을 차기 전의 디딤발 위치가 안정되어 있고, 부드러운 스윙 시퀀스로 체중을 충분히 실은 임팩트를 만들었음을 알 수 있다. 공을 찬 후의 자세에서도 기성용은 신체 균형이 흐트러짐 없이 간결하게 동작을 끝냈다. 더욱 놀라운 점은 기성용이 오른발잡이라는 사실이다.

디딤발과 공의 위치가 수평을 이루고
스윙시키는 차는 발에 체중을 싣는다.

KICK & TRAP ⑤
얼음 위에서 미끄러지는 듯한 마이클 캐릭의 패스

2000년대 중반부터 맨체스터 유나이티드에서는 끊이지 않았던 질문이 있었다. 바로 "폴 스콜스의 후계자는 누구인가?"라는 궁금증이었다. 알렉스 퍼거슨 감독조차 "아무도 스콜스를 대체할 순 없다"라고 고개를 흔들었을 정도였다. 그럼에도 불구하고 맨체스터 유나이티드는 승승장구했는데, 바로 중원의 패스 마스터 마이클 캐릭 덕분이었다.

캐릭은 중앙 미드필더가 갖추어야 할 모든 능력을 갖춘 '미스터 퍼펙트'라고 할 수 있다. 넓은 시야, 정교한 킥, 뛰어난 위치 선정 능력 그리고 그라운드 여기저기를 누비는 성실성까지 겸비했다. 스콜스처럼 '달인'이라는 수식이 잘 어울리는 캐릭은 생각의 속도가 워낙 빨라 동료의 공간 쇄도를 절대로 헛되게 하지 않는다. 애슐리 영, 안토니오 발렌시아, 나니 등 뛰어난 측면 공격수를 주요 공격 루트로 사용하는 맨체스터 유나이티드의 전술 효과를 극대화할 수 있는 원동력이라고 할 수 있다. 캐릭의 장점은 다음과 같이 세분화할 수 있다.

❶ 템포가 빠르다.

볼 트래핑 기술이 워낙 뛰어나기 때문에 캐릭의 볼 컨트롤은 부드럽고 실수가 거의 없다. 압박이 심한 중원에서 캐릭은 원 터치 또는 투 터치로 빠른 패스를 보내기 때문에 동료의 공격 움직임을 살려준다.

❷ 상황 판단이 뛰어나다.

주변 상황을 항상 파악하고 있는 덕분에 시야가 넓다. 상대 골문을 공략하기 좋은 위치를 점하고 있는 동료를 놓치지 않는다.

❸ 패스의 질이 높다.

공을 받는 동료가 가장 편하게 받을 수 있도록 패스의 강약과 길이 조절이 뛰어나다. 동료들은 캐릭의 패스를 받아내기 위한 트래핑에 신경 쓸 필요가 없으니 자신의 다음 플레이에만 집중할 수 있다.

킥이라는 기술적 면에서 말하자면, ❸번의 '패스의 질'은 매우 중요하다. 땅볼 패스를 차는 평범한 선수의 인사이드킥은, 엄밀히 말해 바닥에서 발의 높이 정도로 튕기며 굴러가는 경우가 잦다. 하지만 캐릭의 패스는 대부분 얼음 위에서 미끄러지는 것처럼 굴러간다. 패스를 받는 입장에서는 받아내기가 대단히 쉬워지는 '질 높은' 패스인 것이다.

이는 차는 발로 공을 맞히는 동작(임팩트)을 '때린다'는 느낌으로 수행하는 덕분이다. 평범한 선수의 인사이드킥은 신체구조상 차는 발을 휘둘러 팔로우스윙까지 연결되면 패스의 궤적에 비해 차는 발의 스윙 시퀀스는 대각선으로 그려진다. 바로 이때 공을 위로 향하게 하는 힘이 전달되기 때문에 인사이드킥 땅볼에도 작은 바운드가 생기게 된다.

하지만 공을 발로 때리는 감각으로 임팩트를 하면 공을 찬 뒤 발을 멈춰 팔로우스윙이 일어나지 않도록 한다. 위를 향하는 힘이 공에 전달되지 않는 덕분에 공을 미끄러지듯이 굴러가게 할 수 있다. 일반적인 인사이드킥이 '밀어 보낸다'라는 느낌이라면 캐릭의 인사이드킥은 위에서 아래로 '때린다'는 느낌에 가깝다. 토트넘을 거쳐 현재 헐시티에서 활약 중인 톰 허들스톤도 이런 킥에 매우 능한데, 팔로우스윙을 하지 않는 만큼 임팩트 시 좀 더 강하게 공의 중심을 정확히 맞혀야 한다. 이런 킥에 능한 덕분에 캐릭이나 허들스톤이 시도하는 중거리 슈팅들은 높이 뜨는 경우가 거의 없다.

KICK & TRAP ⑥
허를 찌르는 패스

상황판단이 좋고 템포를 떨어뜨리지 않으면서도 최고의 질을 가진 패스. 지금까지 설명한 모든 요소를 갖춘 패스라고 할 수 있는데, 마지막으로 '상대에게 읽히지 않는 패스'를 보태고 싶다.

2010-11시즌 UEFA챔피언스리그 바르셀로나와 아스널의 16강 2차전에서 이니에스타가 보여준 패스야말로 압권이었다. 페널티박스 앞에서 공을 잡은 이니에스타는 달려드는 수비수들을 제치고 전진한 뒤 슈팅 모션을 취하는 페인팅을 걸었다. 여기서 수비 뒷공간으로 파고드는 메시를 발견하곤 곧바로 패스를 하는 척했다가 다시 한 번 꺾어 타이밍을 늦춘 다음에 수비수들의 가슴 높이로 공을 띄운 패스를 보냈다. 이를 받은 메시가 로빙 트래핑으로 달려드는 골키퍼의 키를 넘긴 후 가볍게 골을 마무리했다.

공격해오는 상대에게 이렇게까지 휘말리면 수비수로서는 패스 코스는 물론 타이밍도 읽어내기가 매우 어렵게 된다. 메시, 이니에스타, 차비 같은 선수는 이렇게 상대가 예측할 수 없는 페인팅의 달인들이다. 2000년대를 풍미했던 브라질의 '외계인' 호나우지뉴는 농구 선수처럼 '노 룩 패스(No-look pass; 패스를 보낼 때 시선을 정반대 쪽으로 향해 상대를 교란시키는 페인팅)' 기술에 능숙했는데, 이 역시 상대의 허를 찌르기 위한 작은 페인팅이었다. 이런 패스를 보내기 위해선 무엇보다 생각 자체가 창의적이어야 하는데, 볼을 다루는 기본기가 탄탄하지 못하면 머릿속으로 그린 플레이를 실현시키기가 힘들어지기 때문이다. 국내 선수들 중에는 하대성(베이징궈안), 김두현(수원), 황진성(포항) 등이 허를 찌르는 패스나 페인팅에 능숙하다.

PART 3

패스 연결 분석법
15가지

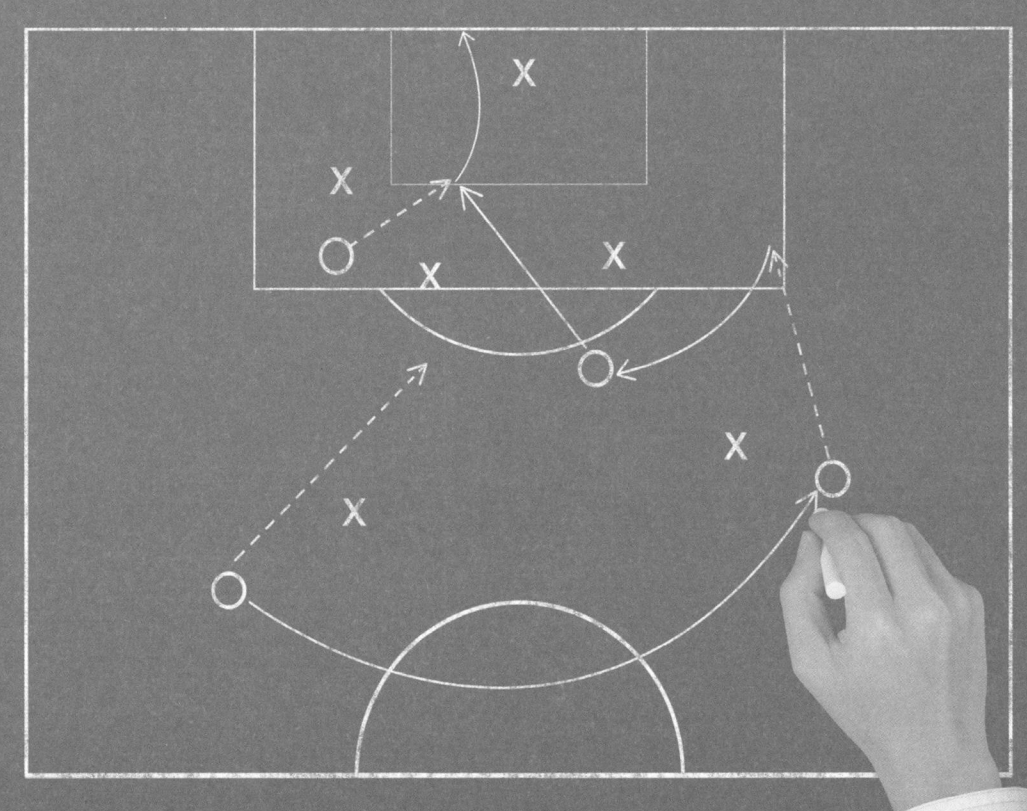

올바른 패스와 잘못된 패스를 어떻게 구분할 것인가?

PASS ①

부득이한 실수와 반드시 짚고 넘어가야 할 실수

패스미스에는 두 종류가 있다. 첫 번째는 킥이나 트래핑의 기술적인 실수이다. 의도했던 곳으로 공이 날아가지 않는다거나 생각했던 것처럼 공을 받아내지 못하는 경우이다. 두 번째는 상황판단의 실수이다. 패스를 내줘야 할 곳으로 주지 않는다거나 그런 판단을 하느라고 주변 상황을 파악하지 못한다는, 지각과 판단에 관한 실수이다.

기술적 실수를 구별해내기는 간단하다. 직접 뛰고 있는 본인은 물론 상대와 동료, 관중까지 '저 선수가 킥을 실수했구나'라는 사실을 금방 알 수 있다. 기술적인 실수는 인간이 발을 사용하는 축구인 탓에 어떤 의미에서는 부득이한 결과이다. 80년대 프랑스 축구를 대표했던 천재 플레이메이커 미셸 플라티니는 축구의 진리에 대해서 다음과 같은 말을 남겼다.

"축구는 실수의 스포츠이다. 선수가 완벽한 플레이를 하면 득점은 불가능해진다. 영원히 0-0일 것이다."

축구는 실수가 일어나기 쉬운 종목이다. 실수가 일어나는 덕분에 경기가 성립된다는 측면도 있다. 실수를 두려워해서 서로 위험을 무릅쓰지 않는다면 영원히 경기는 움직이지 않을 것이다. 일본의 축구영웅 미우라 카즈요시는 한 신문 칼럼에서 "축구는 실수의 스포츠이다. 상대를 완벽하게 무너트린 뒤에 넣는 골이 도대체 몇 퍼센트나 될까?"라고 이야기하기도 했다.

부정확한 발을 사용해 공을 컨트롤하는 이상 제아무리 뛰어난 선수라고 해도 실수를 피할 수는 없다. 실제로 2006년 당시 세계 최고였던 호나우지뉴조차 UEFA챔피언스리그 경기에서 너무나 쉬운 패스를 트래핑 실수로 아웃시켜 볼의 소유권을 상대에게 넘겨준 적이 있다. 세계 최고의 스타라고 해도 실수가 없는 선수는 없다. 기술적인 실수에 얽매이기보다 빨리 자신의 실수를 잊고 다음 플레이에 집중하는 사고방식이 축구선수에겐 더 바람직하다.

그러나 상황판단에서 비롯된 패스미스는 약간 성격이 다르다. 80~90년대 유고슬라비아 축구의 간판스타였던 드라간 스토이코비치의 설명을 들어보자.

"나는 테크닉적인 면에서 벌어지는 실수에 대해선 어쩔 수 없다고 항상 말하고 있다. 세계적 톱클래스 선수도 실수를 저지른다. 하지만 전술적인 측면에서 실수하는 선수는 팀플레이를 위한 의식이 낮다는 사실을 뜻한다. 즉, 팀 전체를 생각하지 않는 것이다."

수학 시험에 비유하자면, 기술적인 패스미스는 잠깐의 착각에 의한 실수에 해당한다. 하지만 상황판단의 패스미스는 축구 이론을 알지 못한다거나 팀의 전술을 이해하지 못하는 것이므로 수학 공식을 이해하지 못해 문제를 풀지 못하는 경우와 같다. 운 나쁘게도 그런 상황판단의 실수를 구별해내는 작업이 기술적 실수를 알아차리는 일보다 훨씬 더 복잡하다는 것이다. 기술적인 실수는 눈에 금방 띄지만, 상황판단 실수는 선수의 머리나 마음속에 원인이 존재하는 탓이다. 상황판단의 실패를 구별해내는 일이야말로 '축구를 안다'라는 말과 동의어가 된다고 해도 과언은 아니다. PART 3에서는 '축구의 진리'라고 할 수 있는 '상황판단' 구별법이란 관점에서 패스 연결의 옳고 그름을 구별해내는 눈을 설명하고자 한다.

PASS ②
공을 앞으로 어떻게 운반할 것인가?

좋은 패스 연결과 나쁜 패스 연결은 어떤 점이 다를까? 간단히 설명하자면, 그 패스 연결에 목적이 담겨 있는지 없는지를 구별해내는 능력이 중요하다. 어쩌다가 자유롭게 된 동료를 발견하고 그 선수에게 별 생각 없이 패스를 보내는 플레이보다, 득점이라는 목적 하에서 골에 다다르는 패스 방향 중 최선의 선택을 하면서 뛸 수 있는지 없는지를 봐야 한다. 그것을 구별해낼 수 있다면 패스 연결의 퀄리티를 측정할 수 있게 된다.

일반적으로 패스 연결의 기점이 되는 센터백이 공을 갖고 있을 때, 패스의 우선순위는 다음과 같이 정리할 수 있다.

❶ 상대 수비 뒷공간을 향한 패스(상대팀 최후방 수비 라인과 골키퍼 사이를 노린다)
❷ 동료 공격수의 발을 향한 패스(상대팀 최후방 수비 라인과 수비형 미드필더의 사이로 패스를 넣는다)
❸ 동료 수비형 미드필더를 향한 패스
❹ 동료 풀백을 향한 횡패스
❺ 자기 팀 골키퍼를 향한 백패스

한 마디로 말해 득점에 더 가까운 옵션을 우선적으로 고르면 된다. 하지만 상대의 수비도 같은 생각을 갖고 막으려 하기 때문에 ❶번과 ❷번의 선택만으로 상대 골문을 향해 직선적으로만 나아가긴 어렵다. 패스 연결의 우선순위를 정하자면, ❶번이 불가능할 경우 ❷번을 선택, ❷번이 불가능할 경우 ❸번을 선택하는 식으로 매겨진다. 물론 공을 상대 골문 앞까지 안전하게 운반하는 것이 최종 목표가 된다.

❹번 또는 ❺번을 선택했다고 해도 ❶번부터 차례대로 내려온 선수와 아예 처음부터 다른 선택을 하지 못한 채로 ❹번 또는 ❺번의 플

레이를 선택하는 선수의 차이는 실로 엄청나다고 할 수 있다. 예를 들어, 하위 리그의 경기에서는 자유로운 상태에서 패스를 받은 선수가 곧바로 돌아서서 전진할 수 있음에도 불구하고 다시 백패스를 보내는 경우가 잦다. 프로 경기에서도 센터백이 공을 가진 상태에서 자기 팀

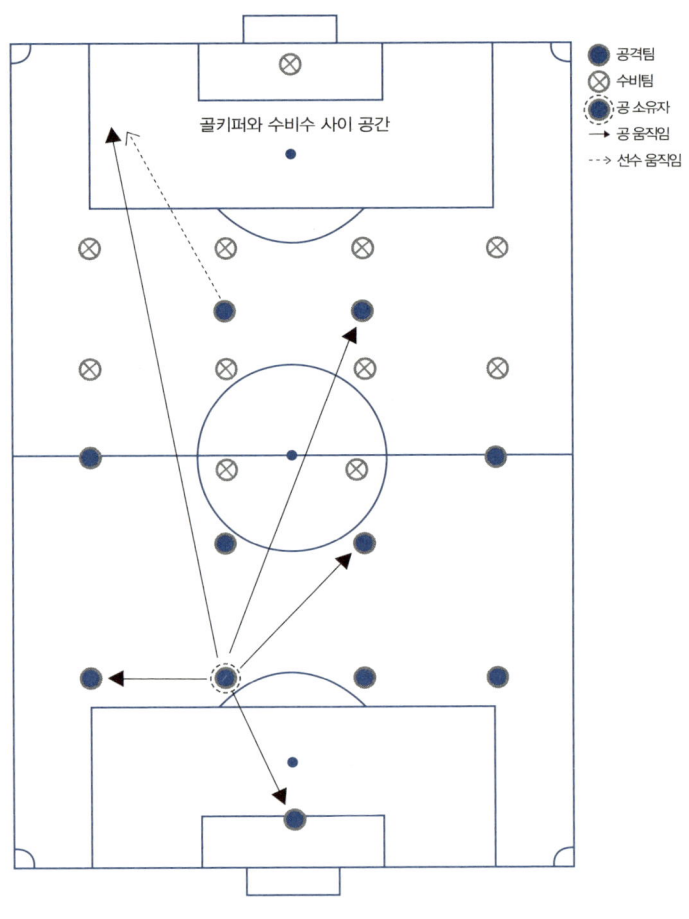

| 센터백의 패스 선택 옵션 |

의 최전방 공격수나 미드필더가 중앙 영역에서 패스를 받을 수 있는 위치를 점했음에도 불구하고 옆에 있는 풀백에게 안전한 패스를 보내는 선수가 드물지 않다.

이처럼 득점에 근접한 플레이가 가능한 상황에서 안전제일주의로 횡패스 또는 백패스를 보내는 소극적인 판단은 나쁜 패스 연결의 전형이라고 할 수 있다. 수비적 측면에서 보면, 백패스와 횡패스에 대한 압박은 앞쪽을 향할 수 있기 때문에 압박하는 입장에서 매우 쉬워진다. 상대 선수는 항상 불필요한 횡패스나 백패스가 나오는 타이밍을 노려 공을 빼앗으려고 한다. 한 선수가 전진할 의지 없이 안전한 패스 방향으로 도망가려고 하면 그 패스를 받는 동료가 상대의 압박을 받아야 하는 피해를 받게 된다. 잉글랜드에서는 이런 패스를 '호스피탈 패스(hospital pass)'라고 부른다. 자기가 책임을 피하기 위해 보낸 패스를 받은 동료가 상대에게 태클을 당해 병원으로 보내진다는 의미를 담고 있다.

2010년 남아공월드컵 조별리그 첫 번째 경기에서 한국의 박지성은 그리스 수비수의 횡패스를 끊어내 추가골을 성공시켰다. 수비수의 패스 연결을 주의 깊게 관찰하던 박지성이 순간적으로 패스 방향을 예상해 뛰어든 순간, 그리스 수비수가 그 예상대로 정확히 실수를 범했다. 그리스 수비의 입장에서는 동료를 병원으로 보내진 않았지만, 팀의 0-2 패배를 확정시키는 결정적인 실수를 저지른 탓에 그리스 전 국민의 마음에 치유할 수 없는 상처를 남겼다고 할 수 있다.

이처럼 패스 연결이 인터셉트당하는 원인은 공을 빼앗기는 장면에 한하지 않고, 그 전의 흐름에 숨겨져 있다. 그것까지 꿰뚫어볼 수 있다면 축구 경기의 관전 능력이 상급에 해당한다고 할 수 있다.

PASS ③
경기장을 넓게 사용하고 있는가?

앞선 설명처럼 플레이의 최우선순위는 상대 골문을 향하는 것이다. 즉, 공을 앞으로 운반해가는 플레이가 중요하다. 하지만 상대가 수비를 탄탄히 하고 있는 탓에 직선적으로 전진할 수 없는 경우에는 횡패스와 백패스로 사이드체인지(side change; 플레이 영역을 다른 곳으로 옮긴다)를 통한 우회로써 상대 골문으로의 접근을 노려야 한다. 그런 상황판단이 불가능한 팀은 상대의 밀집수비를 향해 무리한 종패스를 보내거나 드리블을 시도해 소유권을 빼앗기는 일이 많다. 공을 앞으로 운반한다는 원칙을 알고 있더라도 효율적 측면에서는 현명한 방법이라고 할 수 없다.

축구 이론에서는 '공격은 넓게, 수비는 좁게'라는 철칙이 있다. 공격은 경기장을 넓게 사용하는 편이 패스를 연결하기가 쉬워지고, 수비는 경기장을 좁게 사용하는 쪽이 압박을 가하기가 쉬워진다. 상대의 밀집수비 한가운데를 뚫으려는 공격 시도는 이런 축구 이론의 기본에 어긋난다.

바르셀로나 선수들은 항상 사이드라인을 밟고 있다

세계 제일의 패스 연결을 자랑하는 바르셀로나는 공격 시 경기장을 넓게 사용하는 전통으로 유명하다. 바르셀로나의 4-3-3 또는 3-4-3시스템에서 윙포워드는 흰색의 사이드라인을 밟고 있는 것이 약속처럼 되어 있다. 실제로 라인을 밟으라는 뜻은 아니지만 그만큼 경기장의 폭을 최대한으로 넓히는 포지셔닝을 하라는 암묵적 지시인 셈이다.

경기장의 폭을 최대한 넓게 사용함으로써 상대팀 수비의 좌우 간격을 넓혀 패스를 쉽게 통과시키게 한다. 상대팀이 중앙에 밀집해 있으면 측면을 사용한다. 오른쪽 측면이 밀집되면 왼쪽 측면을 사용하는 식으로 상대팀의 수비 밀도가 낮아지는 지점으로 공을 전진시킨다. 요한 크루이프가 바르셀로나의 지휘봉을 잡고 있었던 90년대부터 이어진 철칙이다. 경기장의 폭을 넓게 사용하면서 앞으로 나아갈 때는 적극적으로 골을 노린다. 앞서 설명했던 '공을 앞으로 운반하기'와 지금 설명하는 '경기장 넓게 사용하기'를 동시에 해내는 팀은 패스 연결의 질이 높다고 말할 수 있다.

고무처럼 신축성이 좋은 이탈리아 대표팀

바르셀로나처럼 패스를 돌리는 스타일을 선호하는 팀은 공격 시 폭을 넓게 사용하면서 볼을 점유하기 위해 노력한다. 반대로 역습 지향적인 수비 중심의 팀은 그런 볼 점유에 집착하지 않는다. 공을 빼앗겼을 때 수비의 폭을 좁게 구축하기까지 시간이 걸리기 때문이다. 공격의 넓이를 우선할 것인가, 아니면 수비의 오밀조밀함을 우선할 것인가가 중요한 포인트가 된다. 더불어 중간에서 밸런스를 맞추는 팀도 있다. 공수 균형을 중시하는 팀은 팀 전체가 고무처럼 신축성 있는 전형을 유지할 수 있다. 2006년 독일월드컵에서 우승한 이탈리아 대표팀이 좋은 사례이다. 플레이메이커 피를로를 중심으로 공격 시에는 고무가 바깥으로 늘어나는 것처럼 선수 전원이 빠르게 퍼져나가는 반면, 수비 시에는 원래대로 줄어들면서 선수 전원이 순식간에 공간을 좁힌다. 공수의 전환이 빠른 덕분에 전체적인 신축 속도도 빨라 공수 양면의 밸런스를 갖춘 팀이었다.

즉, '공격의 넓이'와 '수비의 오밀조밀함'을 어떤 우선순위를 매겨 추구할 것인가. 거기에서 팀 컬러가 나타나게 된다. 이런 이론을 이해하고 있으면 전혀 모르는 팀의 경기를 관전해도 시스템만 살펴보면 어느 정도 팀의 특징을 간파해낼 수 있다. 예를 들어, 양쪽 풀백과 측면 공격수, 윙포워드 등이 사이드라인에 가깝게 서서 경기장을 넓게 사용하려는 의도가 보이면 그 팀은 패싱 게임을 지향하는 공격적인 팀이라는 것을 한눈에 알아차릴 수 있다.

PASS ④
계층적 포지셔닝이 이루어지고 있는가?

●

"공을 앞으로 운반할 수 있을 때에는 반드시 전진한다."

"무리하게 밀집 공간을 뚫기보다 경기장을 넓게 쓴다."

이 두 가지는 패스 연결의 기본이 되는 개념이다. 지금부터는 좀 더 세부적인 사항을 들여다보려고 한다.

경기장을 폭넓게 사용하기 위해서는 측면에 있는 선수가 사이드라인 쪽으로 넓게 서는 것이 중요하다. 하지만 그것만으로는 부족하다. 각각의 선수가 '계층적 포지셔닝'을 취하고 있는지 아닌지가 포인트이다. 이 점을 파악함으로써 패스 연결의 질을 평가할 수 있게 된다. 참고로 포지셔닝이라 함은 공을 갖고 있지 않은 선수가 어디에 서야 하는가, 라는 상황판단을 가리킨다. 팀 스포츠인 축구에 있어서 중요한 개념이다.

'계층적 포지셔닝'이란 어떤 의미일까? 예를 들어 바르셀로나의 경우, 골킥에서 공격을 시작할 때 두 명의 센터백인 헤라르드 피케와 하비에르 마스체라노가 페널티박스의 폭을 넓게 사용한다. 양쪽 풀백인 다니엘 알베스와 에릭 아비달도 경기장을 넓게 사용하기 위해 사이드라인 쪽으로 넓게 벌린다. 이때 양 풀백은 단순히 넓게 서는 게 아니라 전방을 향해 센터백으로부터 대각선 방향의 위치에 선다. 센터백과 일렬로 서면 절대로 안 된다. 왜 대각선 방향의 포지셔닝을 취해야 하는 걸까? 몇 가지 이유가 있다.

❶ 위험요소를 없앤다.

일렬로 서 있는 선수들 간의 횡패스는 상대에게 인터셉트당했을 때 패스를 보낸 선수와 받는 선수가 공을 빼앗은 선수의 뒤쪽에 서게 된다. 하지만 대각선으로 서 있으면 자기 골문과 가까운 선수가 공을 빼앗은 선수를 방어할 수 있게 된다.

❷ 상대의 압박을 피하기 쉽다.

센터백이 풀백에게 패스를 보낸다고 가정하자. 두 선수가 일렬로 서 있으면 센터백에게 압박을 가하는 상대 공격수가 그대로 방향을 바꿔 패스를 받는 풀백을 압박하기도 쉬워진다. 하지만 대각선 포지셔닝을 취하면, 상대 공격수는 센터백과 풀백을 동일 시야에 두기가

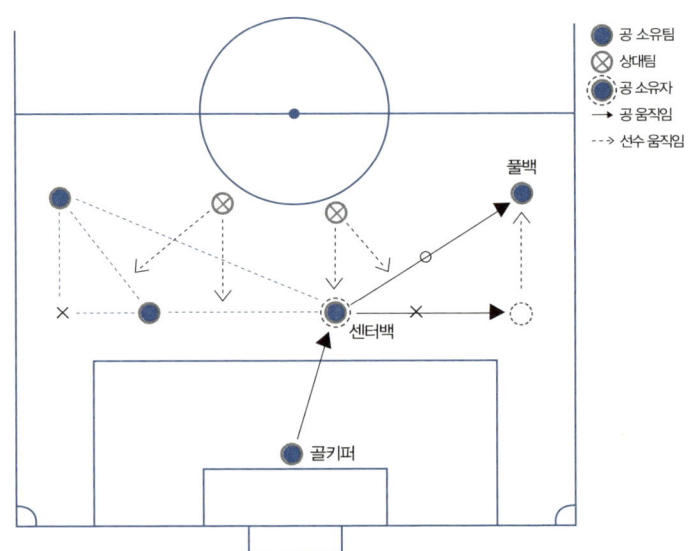

* 센터백이 공을 갖고 있을 때 풀백은 반드시 대각선 방향으로 전진해 있어야 한다.

| 빌드업 상황에서 풀백의 올바른 위치 선정 |

어려워진다. 이동하는 공(패스)을 보기 위해서 공격수는 몸과 시선을 모두 돌려야 하기 때문에 방향 전환이 어렵다. 즉, 압박 자체가 약해져서 패스만으로 공격수를 따돌리기가 쉬워진다.

공을 빼앗기는 것을 두려워하는 팀은 풀백이 높은 위치를 잡아 대각선 포지셔닝을 만들지 못하는데, 사실 위험요소를 없애려고 시도하는 일렬 횡패스가 훨씬 더 위험하다. 다만, 풀백이 높은 위치를 점하려면 센터백 2인이 골키퍼와 함께 삼각형을 만들어 상대 공격수의 압박으로부터 공을 빼앗기지 않고 패스를 돌리는 기술에 자신을 갖고 있어야 한다. 만약 여기서 공을 빼앗기면 높은 위치에 있던(전진해 있던) 풀백은 수비 쪽으로 내려오기까지 시간이 소요되기 때문에 매우 위험해진다.

센터백들이 패스를 돌리는 기술이 서툴면 처음부터 풀백이 센터백과 나란히 일렬횡대로 서야 한다. 공격 축구를 하고 싶다며 풀백의 위치를 전진시키고도 처음부터 공격 전개가 원활하지 않은 팀은 센터백의 패스 연결 능력이 떨어지는 경우가 허다하다. 패스 연결의 질을 평가할 수준이 되기 위해서는 일렬횡대 포지셔닝이 아니라 대각선 방향의 위치를 만드는 '계층적 포지셔닝'을 취할 수 있는지 없는지를 구분할 줄 알아야 한다.

* 좌우 풀백인 호르디 알바와 다니엘 알베스가 동시에 전진해서 2-2-4-2 포메이션을 만든다.

| 바르셀로나의 계층적 포지셔닝 |

PASS ⑤

거점 패스를 할 수 있는가 없는가?

앞서 설명한 계층적 포지셔닝이 대각선 방향의 포지셔닝을 뜻한다고 해서 모든 상황에 적용할 수 있는 것은 아니다. 바르셀로나처럼 패싱 게임을 선호하는 팀은 포메이션이 4-3-3이라고 해도 선수들이 숫자 표시대로만 서지 않기 때문이다. 수비 라인뿐만 아니라 선수 전원이 대각선 방향 포지셔닝을 취하면 4-3-3이 아니라 실제로는 2-1-2-2-1-2처럼 계층이 많은 시스템이 된다. 이와 같은 포지셔닝은 거점 패스를 사용한 연결에도 유효하다.

거점 패스라 함은 상대 진영에 있는 스트라이커나 2선 공격수의 발을 향해 빠르고 강한 종패스를 넣어 포스트플레이를 이용해 공격의 거점을 만드는 플레이를 뜻한다. 거점 패스의 이점은 종패스를 주고받음으로써 상대 선수들의 시선을 앞뒤로 돌리게 만드는 데 있다.

거점 패스 플레이는 2보 전진 1보 후진이라고 생각하면 된다. 예를 들어, 수비형 미드필더로부터 2선 공격수에게 종패스를 연결시키고 싶을 때, 그대로 쇼트패스를 보내면 상대 마크맨이 붙어 있기 때문에 패스를 받은 2선 공격수는 뒤로 돌아서 상대의 골문으로 향할 수가 없다.

그럴 바에는 2선 공격수를 건너뛰어 최전방 스트라이커에게 직접 연결시켜 포스트플레이로 떨군 공을 2선 공격수가 받는 편이 낫다. 상대의 시선을 앞뒤로 헷갈리게 만들기 때문이다. 수비형 미드필더에서 2선 공격수가 아니라 수비형 미드필더가 최전방 스트라이커에게, 스트라이커는 다시 2선 공격수에게 연결시키는 방법이다. 문자 그대로 2보 앞으로 나간 다음에 뒤로 1보 물러나는 플레이라고 할 수 있다. 단순하게 1보씩 앞으로 나가는 것보다도 상대 골문을 향해 공격을 펼치기가 쉬워진다. 이것이 거점 패스의 개념이다.

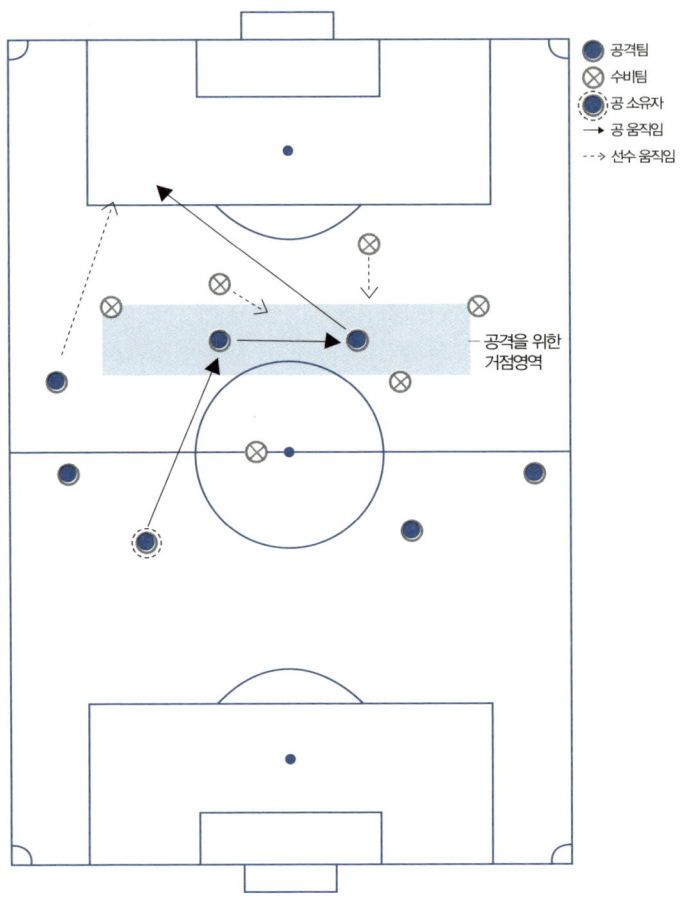

| 거점 패스를 이용한 돌파 |

　　거점 패스의 효과를 극대화하기 위해서는 계층을 다수 만드는 편이 좋다. 2보 앞섰다가 1보 물러나는 것만 아니라 앞으로 3보 나갔다가 2보 물러서든가, 4보 전진했다가 1보 후진하는 식으로 패스 전개 선

택의 폭이 넓어진다. 하지만 4-3-3 포메이션 표기법대로 수비수 4인, 미드필더 3인, 공격수 3인이 각각 계층별로 일렬횡대로 서면 3개의 라인(계층)밖에 만들지 못하기 때문에 거점 패스의 다양성이 현저히 줄어들게 된다.

바르셀로나의 축구를 보고 있으면 다양한 계층 구성이 눈에 띈다. 풀백은 높은 위치를 점하고, 메시는 아래로 내려온다. 세르히오 부스케츠가 자기 자리에 남은 상태에서 차비와 이니에스타가 전진한다. 그들이 만드는 라인은 2-1-2-2-1-2의 여섯 계층이 될 수 있고, 혹은 그 이상으로 더 세세하게 나눌 수 있다. 그런 관점에서 바르셀로나를 보면 그들의 전형이 얼마나 심도 깊은지 보인다.

PASS ⑥
도망갈 패스 코스를 만들어놨는가?

패스 돌리기를 선호하는 팀은 백패스를 유효하게 사용한다. 거점 패스 플레이로 두 단계를 전진한 뒤 한 단계 뒤로 물러서는 부분도 마찬가지겠지만, 일부러 뒤로 도망가는 백패스를 사용함으로써 우회적으로 상대의 압박을 피하면서 상대 골문을 향할 수 있는 길을 다양하게 만들어내기도 한다.

그러나 이 점을 습득하지 못한 팀에서는 백패스의 코스를 만드는 포지셔닝에 둔감한 선수가 많다. 특히 수비수를 향한 백패스는 공을 빼앗기게 되면 한 번에 역습을 당할 확률이 높기 때문에 반드시 연결시켜야 한다. 그와 같은 상황을 생각해보면 발기술이 불안한 센터백이 있는 팀은 동료도 그에게 안심하고 패스를 보낼 수가 없게 된다.

현대 축구는 패스 돌리기에 의한 빌드업을 지향하는 팀이 늘고 있다. 과거에 중시되었던 헤딩이나 맨마크에 강한 센터백이 아니라 요즘에는 발기술이 뛰어난 타입의 중앙수비수가 선호된다. 그런 센터백을 보유하지 못한 팀은 본래 수비형 미드필더로 뛰던 선수를 센터백으로 보직 변경시키는 경우가 많다. 2011-12시즌 바르셀로나의 마스체라노가 대표적인 예이다. 그는 리버풀과 아르헨티나 대표팀에서는 수비형 미드필더로 뛰지만, 바르셀로나에서는 센터백으로 활용된다. 드문 경우이지만, 맨체스터 유나이티드의 마이클 캐릭도 센터백으로 뛴 경험이 있다. 백패스를 보내더라도 실수하지 않고 패스를 연결시켜줄 수 있는 센터백이 필요하기 때문이다. 선수를 어떻게 배치하는가, 그 기용법을 보더라도 팀 컬러를 파악할 수 있다.

PASS ⑦
패스 장면에서 '제3의 선수'가 움직이고 있는가?

지금까지는 포지셔닝과 플레이의 선택 방법 등 패스를 돌릴 때 주의해야 하는 '올바른 상황판단'에 대해서 설명했다. 끝으로 한 가지 더 강조해야 할 포인트가 있다. 바로 '상황판단의 속도'이다.

축구에서는 '기다렸다'라는 상황은 존재하지 않는다. 패스 돌리기에 한한 말이 아니다. 상황판단은 정확성과 속도가 겸비되어야만 높은 수준에 도달할 수 있다. 경기장을 넓게 사용하는 포지셔닝을 이해한 상태에서 그 포지셔닝을 얼마나 빠르게 취할 것인가, 또는 도망갈 패스 코스를 얼마나 빠르게 만들 수 있는가, 라는 점이 중요 포인트가 된다.

웨인 루니의 시간 벌어주기

상황판단의 속도가 늦으면 공을 갖고 있는 선수가 볼 키핑을 하면서 동료가 포지션을 정비할 때까지 기다려야 한다. 동료들이 자기의 패스를 받을 수 있는 곳으로 움직일 때까지 볼 소유권을 지켜줘야 한다는 뜻이다. 올라운드 플레이어의 전형인 웨인 루니(맨체스터 유나이티드)는 최적의 패스 타이밍을 찾아내는 능력이 뛰어나다.

2013-14시즌 UEFA 챔피언스리그 조별리그 첫 경기에서 맨체스터 유나이티드는 독일의 바이에르 레버쿠젠과 홈에서 맞붙었다. 맨체스터 유나이티드는 3-1로 앞서던 79분 역습 기회를 잡았다. 자기 진영에서 공을 빼앗은 루니는 왼쪽 측면으로 나가는 애슐리 영에게 패스를 내준 뒤 역습을 위해 중앙 지역으로 뛰어 들어갔다. 다시 영이 보내준 패스를 받았을 때 루니의 앞에는 레버쿠젠의 수비수 2명이 버티고 있었고, 오른쪽 측면으로 안토니오 발렌시아가 뛰어 들어가고 있었지만 약간 쇄도가 늦었다. 이 상황에서 루니는 무리한 중앙 돌파를

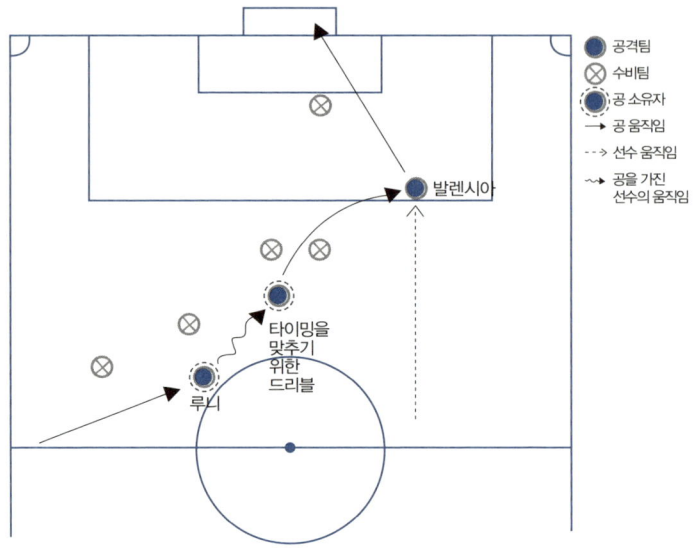

* 2013-14시즌 UEFA챔피언스리그, 맨체스터 유나이티드 4-1 바이에르 레버쿠젠(2013.9.22)
* 공을 가진 선수는 패스를 받을 동료가 최적의 위치를 점할 때까지 상대 진영에서 공을 지켜내야 한다.

| 루니의 타이밍을 맞추는 드리블 |

선택하지 않고 발렌시아가 최적의 위치로 올라갈 때까지 타이밍을 한두 박자 늦춘 후에 대각선 스루패스를 보냈다. 타이밍과 위치가 모두 완벽했던 루니의 패스를 발렌시아가 직접 때려 팀의 네 번째 골을 터트렸다.

상황판단의 속도를 높이면 '제3의 움직임'이 생겨난다

상황판단의 속도를 높이기 위해서는 예측이란 요소가 중요해진다. 동료끼리 패스를 주고받고 있을 동안 '제3의 선수'는 다음에 공이 움직일 장소를 예측해서 그곳에 가 있는 포지셔닝을 한다. 이처럼 공과 직접 관여하지 않은 선수가 다음 플레이를 예측해서 공간으로 파고드는 것을 '제3의 움직임'이라고 말한다.

자기 앞에 빈 공간이 생겼으니까 오버래핑을 하고 백패스의 코스를 만들어야 하니까 밑으로 내려가는 등 상황을 파악해 한 단계 앞선 판단을 내리는 것이 '제3의 선수'를 움직이게 하는 본질이다. 상황판단의 속도를 높이면 이런 예측 플레이가 빈번하게 일어나는 결과를 낳는다. 상황판단의 능력을 파악하고 싶으면 공이 없는 곳에서 얼마나 많은 움직임이 일어나고 있는지, 즉 제3의 움직임 유무를 관찰하는 방법을 추천한다.

아름다운 패싱 게임의 신봉자 요한 크루이프는 "원 터치로 플레이할 수 있으면 좋은 선수, 투 터치는 평범한 선수, 스리 터치는 실력이 떨어지는 선수"라고 표현했다. 상황판단의 정확성과 속도를 겸비하면 패스 코스가 빠르게 생겨난다. 킥과 트래핑에 기술적인 문제만 없다면 필연적으로 원 터치 또는 투 터치로 플레이를 할 수 있게 된다. 적은 볼 터치 횟수로 빠르게 제3의 움직임을 활용하고 있는가? 이것이 패스 돌리기의 상황판단 능력을 구분해내는 지름길이다.

프로의 패스 기술은
이렇게 다르다

PASS ⑧

차비와 제라드는 '곁눈질'로 공을 본다

상황판단이 나쁜 선수는 상황을 정확히 파악해내기 위한 시야가 좁은 경우가 많다. 시야를 넓히기 위해서는 고개를 돌리는 습관도 필요하지만 그보다 더 근본적으로 공을 갖지 않았을 때 몸의 각도가 중요하다.

시야가 좁은 선수는 동료가 소유한 공에 대해서 직각, 즉 몸을 정면으로 그쪽을 보고 경직되어 있는 버릇이 있다. 그런 선수는 공이 지금 있는 곳의 주변까지만 자기 시야 안에 들어오는 탓에 시야가 좁아진다. TV중계에서도 공을 소유한 동료의 주변에 있는 선수들이 어떤 자세를 취하고 있는지 관찰해보면 쉽게 알 수 있다. 물론 시야가 넓지 않더라도 다른 능력을 갖췄다면 경기에서 나름대로의 역할을 해낼 수 있기 때문에 그 선수를 폄하할 필요는 없다. 차비나 스티븐 제라드처럼 시야가 넓은 선수는 몸의 각도를 틀어서 곁눈질을 사용한다. 공이 있는 지점에서 몸의 각도를 약간 틀어놓는다. 공을 정면으로 바라보는 것이 아니라 횡방향에 가깝게 오른쪽 또는 왼쪽 앞에 공을 소유한 동료를 둔다. 공의 움직임을 곁눈질하는 식이다. 이렇게 하면 공 이외의 장소에서 어떤 일이 일어나고 있는지를 파악하기 쉬워져 시야가 한층 더 넓어지게 된다.

예를 들어보자. 2010-11시즌 UEFA챔피언스리그 바르셀로나와 맨체스터 유나이티드의 결승전에서 페드로의 선제골을 어시스트했던 차비의 신체 각도이다.

경기 당시 중앙에서 패스를 받은 차비는 처음에는 오른쪽에 있던 페드로를 향했지만 패스하기가 어렵다고 판단해 왼쪽에 있던 다비드 비야 쪽을 쳐다봤다. 그리고 다시 오른쪽으로 방향을 틀어 페드로에게 아웃사이드킥 패스를 내줬다. 처음에는 페드로가 자유롭지 못했지만 차비의 움직임에 의해 비야를 의식한 수비수들의 마크가 순간적으로 흐트러졌고, 차비가 그 틈을 놓치지 않고 낚아챈 것이다. 이 장면은 차비가 공을 소유하고 있는 상황이지만, 경기 중 어떤 상황에서도 곁눈질을 이용해 넓은 시야를 확보한다는 사실을 명확히 보여주는 단적인 예이다.

PASS ⑨

왼발, 오른발까지 계산한 패스인가?

●

패스 연결을 위한 기술적인 포인트에 관해서는 킥과 트래핑의 정확성 이외에 패스 의도의 정확성도 중요하다. 동료를 향해 대충 패스를 보내는 선수와 동료가 패스를 받을 방향(오른쪽 또는 왼쪽)까지 의식해서 패스를 보내는 선수 사이에는 수준 차이가 크다. 동료의 어느 쪽 발로 패스가 연결되게 할 것인가? 판단 기준은 다음의 두 가지가 있다.

패스를 받을 동료가 주로 사용하는 발쪽으로 보낸다
당연한 소리가 되겠지만 동료가 주로 사용하는 발 쪽으로 패스를 보내야 컨트롤이 쉬워진다. 물론 어느 쪽으로 보내든지 동료는 트래핑을 통해 공을 자신의 선호 지점에 두게 된다. 그러나 동료가 골문 바로 앞에 있어 다이렉트로 공을 차야 하는 상황에서는 동료가 주로 사용하는 발 쪽으로 패스를 보내야 정확한 슛이나 패스로 연결되기가 쉽다. 트래핑을 할 시간이나 여유가 없는 상황이라면 이 점을 각별히 신경 써야 한다.

패스에 메시지를 담는다
동료의 트래핑 방향을 구별해서 패스를 보냄으로써 다음 플레이가 이어져야 할 방향을 알려준다. 상대 골문 가까운 쪽에 발로 패스를 보내면 '그대로 슈팅을 시도해라'라는 뜻이 된다. 반대로 자기 골문 쪽으로 패스를 보내면 '우선 볼 키핑을 해라'라는 뜻이 담겨 있다고 할 수 있다.

상황에 따라서는 동료가 주로 사용하는 발 쪽인가 아닌가 보다 이런 판단이 우선시되기도 한다. 실력이 떨어지는 선수는 이런 판단이 불가능한 탓에 상대 골대를 직접 노리기를 원하면서 반대쪽 발로 패스를 보내는 경우가 많다.

바르셀로나는
다른 팀과 어떻게 다를까?

PASS ⑩

골키퍼를 패싱 게임에 참가시킨다

　이 장에서는 패스 돌리기가 주제인 탓에 바르셀로나가 사례로 자주 등장한다. 이유는 간단하다. 바르셀로나는 철저하게 볼 점유에 집착하기 때문이다. 바르셀로나 외에도 패싱 게임에 뛰어난 팀이 많지만, 그런 팀들 대부분 바르셀로나만큼 '철저하지' 못하다. 경기 시간대에 따라서 패스 돌리기의 부담을 피하는 경우가 있는가 하면 상대 팀과의 전력분석에 따라 수비에 집중하기 위해 패스 돌리기의 비중을 다르게 가져가는 팀도 있다. 그렇기 때문에 집요하게 패싱 게임을 고집하는 바르셀로나가 이야기를 풀어가기가 쉬워진다. 지금부터는 바르셀로나가 다른 팀들과 다른 요소를 좀 더 자세하게 설명하겠다.

우선 골키퍼를 패싱 게임에 참가시킨다는 점이 중요하다. 수비수가 패스 코스를 찾아내지 못할 때 전방을 향한 롱패스를 보내지 않고 골키퍼에게 백패스를 보낸 뒤 다시 플레이를 만들려고 시도한다. 바르셀로나는 고집스럽다고 해야 할 만큼 롱볼을 거부하면서 자기 진영의 최후방으로 백패스를 연결시켜 처음부터 다시 시작하는 축구를 실현한다.

골키퍼가 특수 포지션이라는 것은 축구에 있어서 일반 상식에 속하지만, 10명이 패스를 돌리기보다 11명이 함께 돌리는 편이 더 편하다는 것은 당연한 이치다. 골키퍼를 패싱 게임에 포함시키는 팀은 앞으로 더 많아질 것으로 예상된다. 단, 패스가 끊겼을 때의 위험성이 너무 큰 탓에 골키퍼의 발 기술 향상이 전제되어야 한다.

PASS ⑪
죽은 영역을 사용한 패스 돌리기

국제축구연맹(FIFA)은 축구 경기장의 크기를 가로 105미터, 세로 68미터로 규정하고 있다. 그러나 일반적인 팀이 공격 시 거의 사용하지 않는 영역도 있다. 그 영역으로는 공을 몰고 가지도 않고 동료가 그곳에 포지션을 취하지도 않는다.

그 영역은 자기 진영 페널티박스의 양쪽 옆에서 코너플래그의 사이 공간이다. 사이드라인과 골라인에 막혀 있는 탓에 플레이 가능한 방향이 90도밖에 되지 않아 선택의 여지를 제한받기 십상이다. 위험성이 큰 반면에 이득이 적기 때문에 '죽은 영역'이라고 불리기도 한다. 패스를 돌릴 때에는 이 영역으로 공을 몰고 가면 곤란하다. 평범한 팀은 반드시 이 원칙에서 벗어나지 않는다.

그러나 바르셀로나는 평범하지 않다. 집요하게 패스를 돌림으로써 볼 점유율을 지배하려고 한다. 롱볼을 거의 사용하지 않아 골킥도 페널티박스 근처에 있는 두 명의 센터백에게 쇼트패스를 건네 공격을 시작한다. 하지만 그 점을 간파하고 있는 상대팀은 센터백을 압박해 쇼트패스를 내지 못하도록 하는 경우도 많다. 보통의 팀이라면 전방을 향한 롱패스로 대처할 법하다. 그러나 바르셀로나는 그런 상황에서도 롱볼을 차지 않는다. 압박을 받은 두 명의 센터백이 양쪽 측면에 있는 '죽은 영역'까지 내려가 골키퍼로부터 패스를 받아 패싱 게임을 시작한다. 죽은 영역이 얼마나 패스 돌리기에 있어서 불리한지 앞서 설명했지만 바르셀로나는 끝까지 패스를 연결시킨다는 자신감과 팀의 공통의식을 갖고 있다. 어떤 점을 철저하게 고수하는 팀은 축구 이론을 뒤집는 일에도 거부감을 갖지 않는다는 좋은 사례라고 할 수 있다.

PASS ⑫
성공률이 낮은 패스를 선택하지 않는다

앞서 설명한 대로 패스 선택의 우선순위는 다음과 같다.

❶ 수비 뒷공간을 향한 패스
❷ 동료 공격수의 발을 향한 패스
❸ 수비형 미드필더를 향한 패스
❹ 풀백을 향한 횡패스
❺ 골키퍼를 향한 백패스

기본적으로는 바르셀로나도 이 우선순위에서 벗어나진 않지만, 다른 팀과의 큰 차이점은 패스 성공률에 대한 생각이다. ❶~❺번 중에서는 ❶번이 가장 상대 골문과 가장 가까운 선택이지만 당연히 상대팀도 그 점을 경계하고 있기 때문에 ❶번이 가장 성공률이 낮고 ❺번이 가장 높아진다. 바르셀로나는 이 성공률을 강하게 의식해 패스를 돌린다는 것이다.

예를 들어 ❶번처럼 수비 뒷공간을 향한 패스는 성공률이 20퍼센트밖에 되지 않는 경우에도 연결만 되면 단번에 상대 골문에 가까워질 수 있는 선택이다. 일반적인 팀이라면 적극적으로 사용할지도 모른다. 그러나 바르셀로나는 철저한 볼 소유가 팀의 콘셉트이기 때문에 볼 소유권을 빼앗길 수 있는 플레이의 우선도를 다른 팀에 비해 매우 낮게 책정한다.

성공률이 높은 쇼트패스를 계속 연결시킴으로써 상대 골문에 다다르는 스타일이 바르셀로나이다. 물론 뒷공간을 노리는 시도가 없진 않다. 단, 상대 수비진이 흐트러져 있어 상당히 높은 패스 성공률을 기대할 수 있는 때에 한한다.

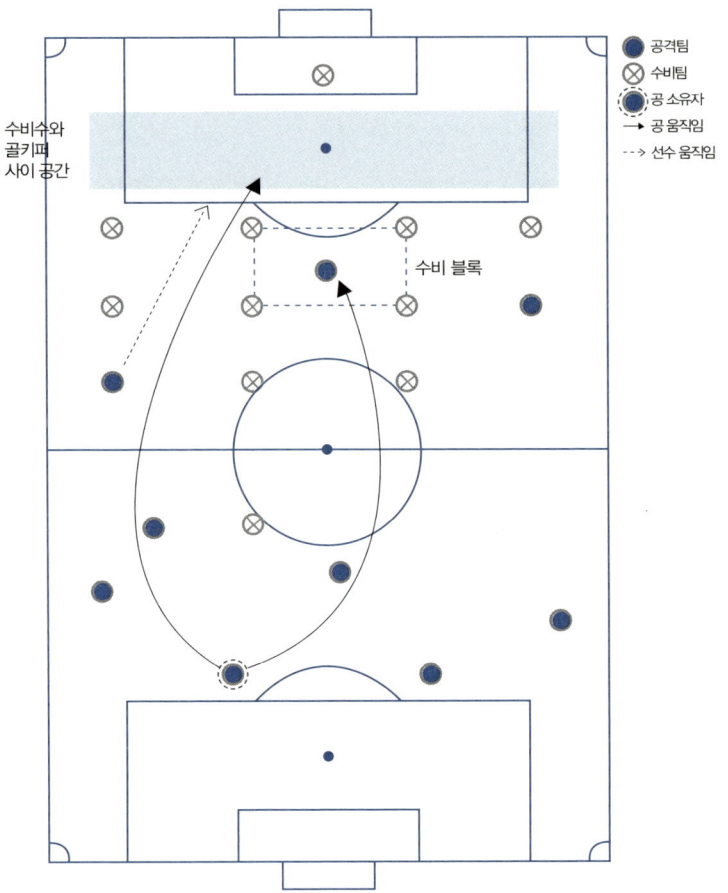

* 롱패스로 수비수 뒷공간을 노린다. 성공률은 낮지만, 일단 연결만 되면 동료가 상대 골키퍼와 일대일로 맞설 수 있다.

| 패스의 우선순위 |

PASS ⑬
왜 메시는 아르헨티나 대표팀에서 활약하지 못할까?

아르헨티나 대표팀에서의 메시는 바르셀로나에서 뛸 때에 비해 공을 빼앗기는 경우가 많다. 남미 지역 스타디움의 그라운드 상태도 관련성이 있지만, 그보다 더 큰 원인은 따로 있다.

바르셀로나에서는 메시가 공을 원하는 타이밍을 찾아 동료 전원이 그에게 패스를 내준다. 사실 메시가 공을 원하는 타이밍은 다른 선수들과 약간 다르다. 공격수의 포스트플레이 등을 제외한 상황에서 일반적인 선수들은 상대로부터 2~3미터 정도 거리가 떨어진 상태에서 패스를 받으려고 한다. 하지만 메시는 1미터 옆에 상대 선수가 있어도 패스를 원한다. 상대 선수를 자기 몸으로 막는 것도 아니고 마치 아무도 없는 것처럼 플레이를 한다. 상대가 접근해 있더라도 원 터치 패스라든가 트래핑으로 마크맨을 따돌릴 수 있는 테크닉에 절대적인 자신감을 갖고 있기 때문이다. 바르셀로나는 그런 상태의 메시를 향해 주저하지 않고 패스를 보낸다.

하지만 아르헨티나 대표팀은 다르다. 상대가 메시의 근처에 있기 때문에 메시 쪽이 아니라 백패스를 하거나 판단이 늦는 바람에 최적의 타이밍을 잡지 못한 채 두세 박자 늦게 패스를 보낸다. 동료들의 이런 움직임이 메시의 리듬을 무너트려 메시가 공을 빼앗기는 횟수가 늘어나게 된다.

이 문제를 놓고 단순히 '메시가 잘못됐다'라거나 '아르헨티나 대표팀의 동료들이 잘못됐다'라는 식으로 단정하긴 어렵다. 굳이 표현하자면 바르셀로나는 메시를 특별한 선수로 대하지만 아르헨티나 대표팀에서는 그렇게 하지 않는다는 정도가 된다.

메시는 경기당 7~8킬로미터 정도밖에 뛰지 않는 선수다. 만약 메시가 발로 공을 다루는 플레이를 고집하지 않고 다른 선수들처럼 수비에 가담하거나 동료를 위해 공간을 만드는 헌신적인 움직임을 선택하게 해서, 즉 메시를 일반적인 선수로 만들어버린다면 아르헨티나 대표팀도 사정이 약간 달라질 것이다. 하지만 그렇게 되면 메시가 지닌 세계 최고의 돌파력은 사라지게 된다.

아르헨티나 대표팀이 메시를 특별하게 사용하지 못하는 또 다른 이유는 팀 전체의 운동량이 너무 적다는 것이다. 2010년 남아공월드컵에서 기록된 각 팀별 평균 뛴 거리를 비교해보자.

- 스페인: 105킬로미터
- 독일: 108킬로미터
- 브라질: 100킬로미터
- 아르헨티나: 98킬로미터

브라질과 아르헨티나는 개인기를 앞세운 남미 축구의 양대산맥이다. 그런 두 팀이 유럽 강호에 비해 운동량이 적다는 점이 흥미롭다. 특히 아르헨티나는 경기당 100킬로미터에도 미치지 않는 수치를 나타냈다. 메시를 특별하게 활용하기 위해 빛날 수 있도록 하려면 주변에 있는 동료가 얼마나 헌신해서 메시를 도와주는지에 달렸다. 아르헨티나 대표팀은 그런 운동량을 갖고 있지 못하다.

여담이 될지도 모르겠지만, 현대 축구에 있어서 브라질과 아르헨티나는 수많은 스타플레이어를 배출해왔음에도 불구하고 대표팀에서의 성적이 썩 좋지 못하다. 2010년 남아공월드컵만 보더라도 두 팀은 8강에서 탈락했다. 2011년 코파아메리카에서도 역시 두 국가는 8강에 머물렀다. 대회 개막 전의 기대에서 크게 벗어난 결과였다. 그 원인 중 하나가, 앞서 소개한 경기당 팀 운동량일 수도 있다. 브라질과 아르헨티나 모두 인식을 바꿔야 한다는 현실을 시사하는 바라고 할 수 있다.

좋은 롱볼과 나쁜 롱볼을 어떻게 구분할 것인가?

PASS ⑭
세컨드볼의 밀도를 만들 수 있는가?

공을 상대 골문 앞으로 운반하기 위한 방법으로 땅볼 패스에 의한 연결이 유일한 것은 아니다. 프리미어리그의 스토크시티 또는 K리그의 울산 현대처럼 동료 스트라이커를 향해 롱볼을 보내 공중볼 경합에서 떨어져 나오는 세컨드볼을 노려 상대 골문에 접근하려는 팀도 있다. 좋게 말하면 한두 개의 패스만으로 상대 문전에 도달할 수 있어 매우 편리하다. 하지만 성공률이 높은 쇼트패스 연결 플레이와 비교하면 롱볼 이후의 세컨드볼을 잡아낸다는 것은 도박이라고 할 수도 있다. 확실성 면에서 떨어진다는 것이 이 전술의 약점이다. 상대에게 공을 넘겨주는 경우가 많아지기 때문에 상대팀에게 볼을 점유당하는 시간이 길어져 부득이하게 수비적인 경기 운영이 이뤄질 가능성이 높다.

롱볼 전술의 성공률을 높이기 위해서는 세컨드볼을 따내는 성공률을 조금이라도 높여야 한다. 방법은 다음의 세 가지가 있다.

❶ 높이와 몸싸움에 능한 선수를 기용한다.

앞으로 차올린 롱볼이 상대 수비수의 헤딩에 막혀 다시 튕겨 나오면 공격의 기점을 만들 수가 없다. 동료 스트라이커는 상대 수비수와 경합하면서 수비 뒷공간(수비수와 골키퍼 사이)이나 기타 유효 영역(상대 최후방 수비수와 미드필더 사이) 등 조금이라도 공격에 유리한 지점에 공을 떨어트려야 한다. 그런 플레이가 가능하도록 공중볼 싸움에 강한 스트라이커의 기용 가능 여부가 중요하다.

2011-12시즌 스토크시티의 1군에는 190센티미터가 넘는 선수가 7명, 2미터가 넘는 선수가 1명 있었다. 180센티미터 이하의 선수는 3명밖에 되지 않았다. 스토크시티가 자랑하는 거인 전술은 롱스로인, 코너킥, 프리킥 등의 세트피스에서 엄청난 위력을 발휘했다. 보유 선수의 특징과 팀 전술이 잘 어우러진 전형적인 사례였다.

❷ 정확한 롱볼을 보낸다.

동료 스트라이커의 공중볼 다툼을 쉽게 해주는 롱볼이 중요하다. 문전 크로스처럼 강하게 차면 헤딩슛을 하기는 쉽지만 헤딩으로 패스를 연결해주기는 어려워진다. 역회전을 줘서 체공시간이 긴 패스를 동료 스트라이커가 받기 편하게끔 보낼 수 있는 팀의 롱볼 전술이 당연히 성공률이 높다. 또 그와 같은 롱킥은 상대 수비수가 헤딩으로 걷어냈을 때 비거리가 길지 않다는 점도 눈여겨봐야 한다. 헤딩이란 플레이의 본질을 보라. 목의 힘만으로는 그렇게 강한 헤딩을 할 수가 없기 때문에 날아오는 공에 힘이 실려 있지 않으면 긴 클리어링이 불가능하다.

❸ 낙하지점의 밀도를 높인다.
❶번과 ❷번은 개인 능력에 의존한 방법이었다. ❸번은 팀의 공통 의식에 의한 포지셔닝이 가능한지 아닌지에 대한 기준이 된다. 패스 돌리기 항목에서는 '공격은 폭넓게'라고 표현했는데, 롱볼을 사용할 때에는 그 원칙의 정반대가 된다. 롱볼이 떨어지는 지점에는 기본적으로 동료 스트라이커보다 상대팀의 수비수나 골키퍼의 숫자가 더 많다. 따라서 동료들이 퍼져 있어 밀도가 낮아진 상태에서 롱볼을 차 보내면 세컨드볼을 따낼 수 있는 확률은 50퍼센트 이하로 떨어지게 된다. 따라서 패스를 돌리는 상황과는 정반대로 동료들이 롱볼의 낙하지점에 집결함으로써 밀도를 높이는 포지셔닝이 필요하게 된다.

이와 같은 포지셔닝을 관찰하면 그 팀이 패싱 게임 지향적인지 롱볼 지향적인지를 알 수 있게 된다. 또는 그 전술이 의도한 대로 수행되고 있는지 없는지도 알 수 있다.

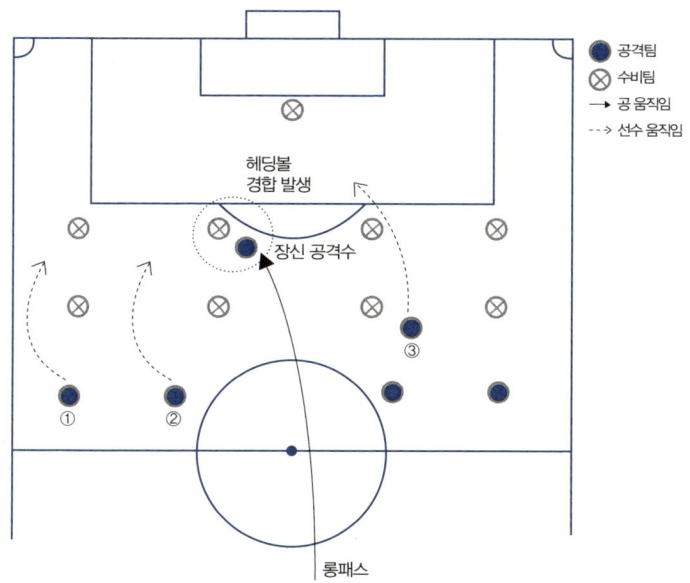

* 롱패스가 날아가면 공중볼 경합 상황이 발생한다. 이때 주위의 동료들이 세컨드볼의 낙하 예측 지점으로 이동한다. 공중볼 경합이 치열하지 않으면 연습했던 패턴 플레이 수행도 가능해진다.

| 세컨드볼의 밀도 |

PASS ⑮
거스 히딩크의 호주가 일본을 꺾었던 전술

실제로 롱볼을 통해 승리를 거둔 좋은 예로서 2006년 독일 월드컵 호주와 일본의 조별리그 경기를 들 수 있다. 당시 지쿠 감독이 지휘하던 일본은 나카무라 슌스케의 선제득점과 골키퍼 가와구치 요시카츠의 선방으로 경기 막판까지 1-0으로 앞서갔다. 그러나 일본은 경기 마지막 5분 동안 3실점을 내주면서 3-1 대역전패를 당했다.

당시 호주의 감독은 2002년 월드컵에서 한국을 4강으로 이끌었던 명장 거스 히딩크였다. 그는 대회 개막 전 독일에 차렸던 베이스캠프에서 롱볼 전술을 철저하게 준비했다. 키가 큰 비두카와 케네디를 향해 롱볼을 보내고 그 다음에 떨어지는 공을 낚아채 한 박자 빠른 슛을 시도하는 전술이었다. 일본이 가졌던 공중전 약점을 철저하게 파고든 셈이다.

일본이 채용했던 포진은 3-5-2였다. 전반전 호주는 투톱인 비두카와 큐웰의 발을 향한 패스를 자주 시도했고, 일본 최후방 수비진이 이를 잘 막아냈다. 하지만 한 골 뒤진 히딩크 감독은 후반 들어 승부수를 띄웠다. 케네디를 투입시켜 일본의 최후방 수비수 3명에게 각각 공격수 한 명씩 붙는 형태가 되게 했다. 일본 수비진이 점점 곤란에 빠지면서 흔들렸다. 호주는 계속 롱볼을 보냈고, 후반 도중 투입되어 힘이 남아도는 케이힐과 알로이시가 세컨드볼을 따내 일본의 골문을 위협했다.

앞서 설명한 롱볼 전술의 세 가지 포인트로써 호주는 일본을 압도했다. 경기 막판에 되자 일본 수비진은 무너진 댐처럼 붕괴되어 충격적인 3연속 실점을 내주고 말았다. 양 팀 감독의 능력 차이가 확실히 드러났던 경기였다.

PART 4

중앙 돌파 분석법
10가지

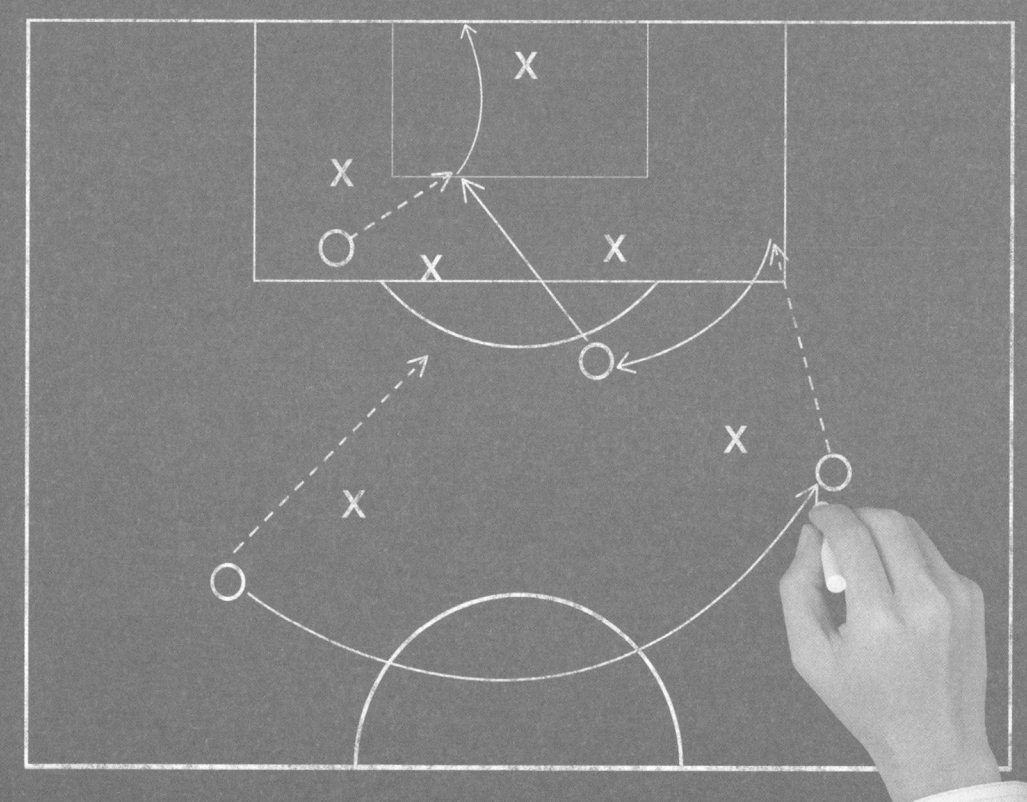

좋은 중앙 돌파와 나쁜 중앙 돌파를 어떻게 구분할 것인가?

CENTRAL BREAKTHROUGH ①
바르셀로나는 최강의 중앙 돌파형 팀

중앙 돌파가 득점으로 가는 지름길이라는 사실은 당연하다. 멀리 돌아가야 하는 측면 공격보다도 가능한 한 우선시되어야 할 공격이다. 하지만 수비진도 그 사실을 잘 알고 있다는 게 문제다. 중앙에 인원수를 늘려 수비를 단단히 하기 때문에 공격하는 팀은 측면 돌파보다 훨씬 강한 저항을 받게 된다. 따라서 중앙 돌파는 상대팀의 수비진에 생긴 미세한 공간을 최적의 타이밍으로 뚫어내야만 성공할 수 있다. 발도 빨라야 하고 드리블 돌파 능력, 뚫어낼 루트에 대한 고민, 페인팅, 허점을 찌르는 공격 퍼포먼스 등이 측면 공격보다 훨씬 더 크게 요구된다.

2011년 현재 세계 축구에서 중앙 돌파에 가장 능한 팀은 바르셀로나이다. 득점의 대부분이 중앙 돌파에 의해 생겨난다. 풀백 다니엘 알베스와 호르디 알바가 측면에서 공을 갖고 있어 측면 크로스를 올리는 패턴이 거의 없다. 그들의 역할은 측면으로 퍼져 공을 소유함으로써 상대의 수비진을 넓혀 밀도를 떨어트리는 것이다. 최종적으로는 중앙으로 돌파하기 위해 측면 공격을 시도한다. 메시나 페드로 등 바르셀로나의 최전방 공격수는 체구가 작은 선수들이 많기 때문에 크로스를 올린다고 해도 득점으로 연결될 가능성이 매우 낮다. 측면에서 공을 차는 경우도 있지만, 공중볼 형태의 크로스를 올린다기보다 일반적인 패스를 주는 방식으로 플레이한다.

　2011-12시즌 원정경기로 벌어진 12라운드 아틀레틱 빌바오 경기에서는 레프트백인 아비달의 크로스에서 세스크 파브레가스가 헤딩슛으로 득점을 뽑아냈다. 하지만 이는 예외적이라고 말해야 한다. 스페인어로 미치광이라는 의미의 '엘 로코'라는 별명을 가진 마르셀로 비엘사 감독이 이끄는 아틀레틱은 이 경기에서 철저한 맨투맨 마크로 바르셀로나 선수들을 한 명씩 끝까지 따라붙는 수비 전술을 채용했다. 파브레가스의 헤딩 장면에서는 왼쪽 측면의 패스 연결을 막느라 빌바오의 많은 선수들이 그쪽에서 밀착 마크를 펼치고 있어 문전에는 수비수가 1명밖에 남지 않았다. 제아무리 바르셀로나라고 해도 이렇게 극단적인 상황이 되면 중앙 돌파를 포기하고 크로스를 사용하는가 보다. 실제로 크로스에 의해 골을 넣은 것이다. 하지만 비엘사 감독 외에 이렇게까지 극단적인 전술을 구사하는 상대팀은 흔하지 않다. 또

한 아틀레틱처럼 투쟁심이 넘치는 팀이 아니었다면 그런 전술을 끈질기게 실행하지 못했을지도 모르는 일이다.

이 경기는 우천 속에서 진행되었다. 아틀레틱이 앞서나갔지만 바르셀로나가 종료 직전에 겨우 따라붙어 2-2 무승부로 끝났던 열전이었다. 2009-10시즌 인터밀란, 2010-11시즌 코펜하겐 등 바르셀로나를 상대로 수비적인 전술을 구사하는 팀은 하늘에 떠 있는 별만큼 많았다. 하지만 비엘사만큼 바르셀로나를 상대로 공격적인 태세를 갖추고 실행에 옮겼던 감독은 없었다. 경기 동영상을 구할 수만 있다면 이 날 경기를 독자 여러분께 '강력' 추천하고 싶다.

이야기가 약간 옆길로 샜지만, 바르셀로나는 중앙 돌파를 선호하는 팀이며 그들의 높은 수준이 공격을 낳는다. 상대 수비의 거센 저항을 받는 게 일상적이지만 어떡해서든지 골을 넣고야 만다. '생각하면서 뛰어야 한다'라는 격언이 있지만 일단 공격 영역에 진입하면 여유 있게 생각할 틈이 없어진다. 뇌신경이 전달하는 신호를 기다릴 여유도 없이 무조건 반사적으로 플레이를 해야만 찰나의 순간을 잡을 수 있다. 그 '찰나의 순간'을 여러 동료들이 함께 맞추기 위한, 즉 수비를 허무는 유효 패턴이자 공격 이론이 존재한다.

지금부터는 포워드의 포진 형태에 따라 구체적인 장면을 예로 들어 그 이론을 설명하겠다.

투톱의 돌파

CENTRAL BREAKTHROUGH ②
포워드를 어떻게 조합할 것인가?

4-4-2로 대표되는 투톱 시스템의 중앙 돌파는 투톱끼리의 연계 플레이가 기본이 된다. 우선 포워드 중 한쪽에게 패스를 보낸 뒤 미드필더나 수비수가 지원에 나서 득점을 노리는 방법이 일반적이다. 이때 공격 기점이 되는 투톱이 어떤 움직임을 해야 하는 걸까? 그 점에 대한 관찰이 투톱의 공격 패턴을 구별해내기 위한 가장 중요한 포인트라고 할 수 있다.

우선 어떤 포워드 조합으로 투톱을 형성하는가를 구분한다. 팀이나 선수의 개성에 의해 다양한 패턴이 있는데 대표적인 방법은 다음의 네 가지가 있다.

❶ 타깃+공간 침투 스타일

거점 패스를 받아 포스트플레이를 수행하는 타깃맨과 발이 빠른 세컨드 스트라이커로 구성된 투톱이다. 공격의 기점을 만드는 역할과 뒷공간으로 파고드는 역할이 확실히 나뉘어 있기 때문에 동료 미드필더나 수비수들이 이해하기가 쉽다.

2010-11시즌 도중부터 리버풀에 합류한 앤디 캐롤과 루이스 수아레스의 조합, 2008-09시즌부터 실현된 맨체스터 유나이티드의 디미타르 베르바토프와 웨인 루니의 조합, 2000-01시즌 리버풀과 잉글랜드 대표팀에서 콤비를 꾸몄던 에밀 헤스키와 마이클 오언의 조합이 대표적인 사례이다.

❷ 골게터+판타지스타 스타일

골 냄새를 잘 맡는 골게터형 타입과 창의적인 아이디어로 공격에 변화를 가하는 판타지스타가 꾸미는 투톱이다. 최전선에서 위력을 발휘하는 플레이어와 중반과 최전방 사이를 배회하는 플레이어를 묶는 개성이 강한 투톱 조합인 탓에 어느 한쪽에만 신경을 쓰면 다른 쪽에게 당하고 만다. 두 명의 조합이라고 말하기보다 상대팀이 어려움을 느끼는 구성이라고 해야 더 적절한 표현이 될지 모르겠다. 1998년부터 2002년까지 브라질 대표팀에서 호흡을 맞췄던 호나우두와 히바우두, 1990년 이탈리아 월드컵에서 활약했던 스킬라치와 바지오(이탈리아), 1997년부터 2001년까지 유벤투스에서 뛰었던 필리포 인자기와 알렉산드로 델 피에로의 조합을 예로 들 수 있다.

❸ 골게터+위성 스타일

골게터 타입과 그 주변을 계속 움직임으로써 수비를 혼란스럽게 만드는 훼방꾼 역할의 위성 타입을 묶은 투톱이다. 2012-13시즌 맨체스터 유나이티드에서 4-4-2시스템에서 함께 뛴 로빈 판 페르시와 대니 웰벡, 90년대 같은 팀에서 환상적인 투톱 조합을 만들어냈던 앤디 콜과 드와이트 요크가 대표적인 예라고 할 수 있다. 한 명은 아크 부근에 고정되어 있는 상태에서 다른 한 명이 좌우를 오가며 수비를 교란시키는 방식이다.

❹ 올라운드 플레이어 중심 스타일

득점뿐만 아니라 포스트플레이, 공간 침투, 드리블 등 기회를 창출하며 풍부한 운동량으로 크로스를 받아 많은 득점을 올리는 올라운드 플레이어 타입을 축으로 하는 투톱 조합이다. 맨체스터 유나이티드에서 뛰고 있는 웨인 루니가 가장 전형적인 올라운드 플레이어라고 할 수 있다. 올라운드 플레이어는 투톱 파트너의 종류를 가리지 않는다.

이런 포워드의 조합방법을 바탕에 깐 상태에서 구체적으로 어떤 공격 패턴을 만들어낼 것인가? 이제부터 설명하도록 하겠다.

CENTRAL BREAKTHROUGH ③
수아레스의 커트아웃 움직임

측면으로 흘러나가는 움직임이 투톱 시스템 분석에 있어서 중요한 포인트가 된다. 투톱은 포워드 2명의 스타트 포지션이 중앙에 이루어지기 때문에 공격의 폭을 유효하게 활용하기 위해서는 어느 한 사람이 측면으로 흘러나가는 것이 원칙이다.

하지만 측면으로 빠진다고 해도 그대로 중앙에서 측면 쪽으로 횡적으로 움직여선 상대 수비를 무너트릴 수 없다. 상대 풀백에게 마크를 받으면 그대로 막혀버리기 때문이다. 그래서 '커트아웃(cut out)'이라는 움직임이 중요하다.

커트아웃이라 함은 커트인(cut in)의 반대말로 상대 센터백의 앞에서 풀백의 배후 공간을 향해 대각선으로 침투하는 움직임을 가리킨다. 뒷공간을 허용한 상대 풀백은 반응이 늦을 수밖에 없고, 센터백이 커트아웃하는 공격수를 그대로 따라가 버리면 중앙에 공간이 생길 위험이 있다. 상대 수비진에게 치명적인 상황판단 부담을 가할 수 있는 움직임이다.

이와 같은 커트아웃을 장점으로 하는 선수가 바로 수아레스와 루니 두 사람이다. 순간 침투 속도가 빠를 뿐 아니라 같은 속도의 드리블로 적진을 찢어내는 능력의 소유자들이다. 커트아웃한 뒤에는 중앙에서 기다리고 있는 타깃맨이나 골게터 타입 동료에게 킬패스를 보내든가 자신이 직접 해결한다. 커트아웃은 한 번 성공하기만 하면 그 이후의 플레이는 자기 마음대로 선택할 수 있다.

커트아웃은 한 번 성공만 하면 배후 공간으로 침투할 수 있지만, 동료의 패스 타이밍을 잘 맞춰야 의미를 찾을 수 있다. 너무 빨리 들어가면 오프사이드에 걸리고, 너무 늦으면 상대가 대응하기 쉬워지기 때문이다. 최적의 타이밍으로 커트아웃을 노리는 움직임을 간파해낼 수 있는지 체크해보면 재미있다.

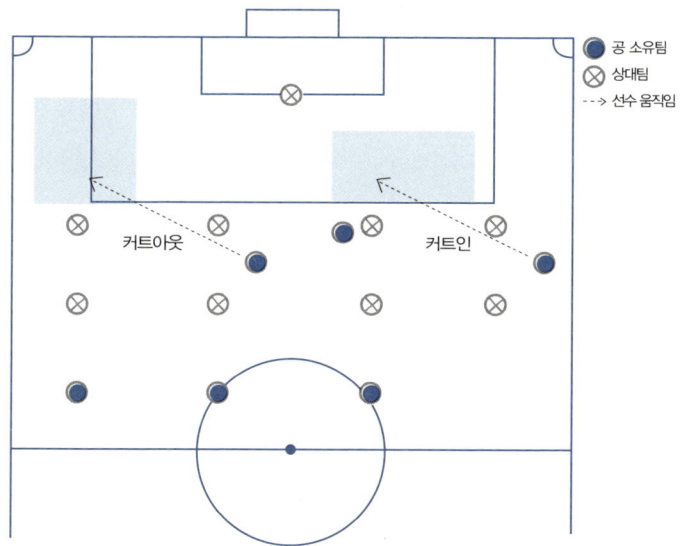

* 수비수 사이로 쇄도함으로써 수비 책임을 교란시킬 수 있다. 각 수비들의 책임 영역과 영역으로 빠르게 이동함으로써 자유로운 공간을 찾아낸다.

| 커트인 & 커트아웃 |

CENTRAL BREAKTHROUGH ④
올라운드 플레이어 포워드의 가치

슈팅이 좋다. 드리블을 잘한다. 공간 침투에 능하다. 포스트플레이에 강하다. 운동량이 풍부하다. 헌신적으로 수비에 가담한다. 이 모든 게 가능한, 즉 어떤 역할이 주어져도 반드시 평균 이상을 해낼 수 있는 능력을 가진 선수를 올라운드 플레이어 타입이라고 말한다.

현대 축구는 포워드에게 수비를 요구한다거나 수비수에게 공격을 바란다. 어느 한 가지에만 능해서는 부족하다. 두 번째, 세 번째 분야에서도 뛰어날 뿐 아니라 딱히 구멍이 없는 선수가 아니면 위 레벨에 도달할 수 없다. 루니야말로 현대 축구가 점지해준 올라운드 플레이어의 전형이다.

올라운드 플레이어의 장점은 어떤 동료와도 호흡을 맞출 수 있다는 것이다. 루니는 드리블, 패스, 골 결정력 등 무엇이든 가능한 올라운드 플레이어이면서도 운동량까지 뛰어나다. 소속팀 맨체스터 유나이티드에서는 측면으로 흘러가면서 뛰는 플레이를 선호한다. 팀에서도 최전방 스트라이커는 물론 2선 공격수, 측면 공격수 등 공격에 관여하는 모든 포지션을 소화해낼 수 있다.

루니는 포스트플레이어인 베르바토프와 콤비를 꾸민 적이 있다. 베르바토프가 거점 패스를 받아내기 때문에 루니는 공간 침투 역할에 집중했다. 커트아웃의 움직임도 빈번히 시도했다. 2010-11시즌에 루니는 새로 합류한 하비에르 에르난데스(치차리토)와 투톱을 꾸몄다.

에르난데스는 배후 공간으로의 침투에 능한 골게터 타입인 탓에 루니는 공간 침투보다 약간 밑으로 내려와 패스를 받아주는 역할을 해냈다. 혹은 맨체스터 유나이티드가 4-2-3-1처럼 원톱 시스템으로 전환했을 때에는 윙포워드로 내려와 측면을 담당하기도 했다. 올라운드 플레이어는 자유로운 플레이가 가능한 덕분에 파트너는 물론 어떤 포메이션에도 맞출 수 있다.

루니 본인은 "세계적인 톱클래스 선수는 어떤 플레이를 하는지 상대가 이미 알고 있어도 막아내기가 힘들다"라고 말한 적이 있다. 그 발언에 해당하는 최적의 선수는 진정한 세계 최강의 올라운드 플레이어인 루니 자신이라고 할 수 있다.

CENTRAL BREAKTHROUGH ⑤
카카가 보여주는 2선 공격수의 공간 침투

카카가 AC밀란에서 뛰던 2003년부터 2009년까지, 팀은 2006-07 시즌 UEFA챔피언스리그에서 우승하는 등 뚜렷한 족적을 남겼다. 당시 카를로 안첼로티 감독은 4-4-2의 최전방 스트라이커 바로 뒤에 카카를 배치해 중반이 다이아몬드 형태를 만드는 시스템을 채용했다. 하지만 최전방의 멤버 구성에 따라 2선 공격 라인에 카카와 세도르프 2인을 두는 4-3-2-1시스템도 구사했는데, 한 명의 원톱과 두 명의 섀도우 스트라이커의 조합이 이루어졌다. 여기에서는 투톱 시스템에 한

하여 설명하도록 한다.

상대팀이 현대 축구의 주류인 백포 라인을 구축한 경우, 투톱인 질라르디노와 필리포 인자기는 상대 센터백 2명과 각각 한 명씩 맨마크가 되기 쉽다. 물론 상대의 풀백은 커버링을 위해 예의주시하면서 공격에도 가담해야 하기 때문에 수비 커버링이 그리 쉽지만은 않다.

상대팀이 수비형 미드필더를 2명 세우는 시스템을 구사할 경우, 2선 공격수인 카카는 수비형 미드필더 2명 사이에 위치하게 되어 카카의 영역이 붕 뜬 포지션이 되기 쉽다. 또 상대의 수비형 미드필더 2명과 센터백 2명, 도합 4명으로 형성된 사각형 수비 박스가 유지된다. 따라서 수비형 미드필더 2명은 자신들의 등 뒤로 카카를 주시하는 형태가 된다.

결국 카카에게는 특정 마크맨이 없는 상황이다. 물론 상대팀이 수비형 미드필더 2인 중 한 명을 카카의 마크맨으로 붙인다면 그렇게 된다고 단정할 수 없다. 그러나 대개의 투톱 시스템에서 2선 공격수는 마크맨이 없는 포지션을 취하기가 쉽다. 당시 카카가 섰던 2선 공격수 자리를 '1.5라인'이라고 부른 것도 이런 이유에서였다. 첫 번째 라인도 아닐 뿐 아니라 두 번째 라인도 아닌 중간 위치였던 덕분에 상당히 마크하기가 어려웠다.

이런 상황에서는 2선 공격수인 카카의 공간 침투가 큰 효과를 발휘할 수 있게 된다. 카카가 배후 공간으로 침투했을 때, 상대 수비형 미드필더가 카카를 따라가든지, 아니면 센터백이 순간적인 판단으로 자신이 마크하던 포워드를 버리고 카카를 막아야 한다. 이도 저도 아니게 되면 카카를 마크할 선수가 없어져버린다. 그런 수비적 판단이 조금이라도 늦어버리면 카카처럼 순간 속도가 빠른 선수는 치명적인 결과를 낳게 된다.

카카는 AC밀란에서 큰 성공을 거뒀는데, 그 이유 중 하나가 시스템 상에서 마크맨이 따로 없는 2선 공격수 특유의 포지션을 충분히 살렸기 때문이다.

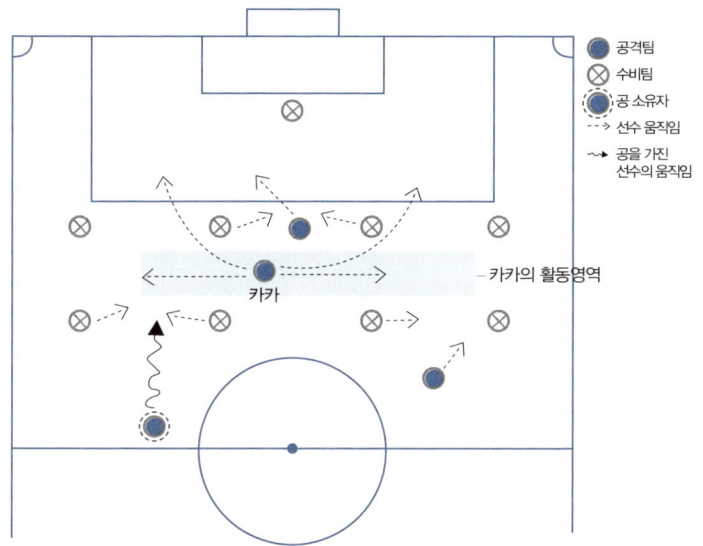

* 최후방 수비 라인과 수비형 미드필더 사이에 위치해서 공간을 활용한다.
* 최전방 원톱 동료의 자리를 맞바꾸는 방법으로 상대의 맨마킹을 교란시켜 위협적인 돌파가 가능해진다.

| 카카의 1.5라인 |

스리톱이 수비를 무너트리는 방법을 분석한다

CENTRAL BREAKTHROUGH ⑥

커트인(cut in) 플레이에 의한 돌파

앞서 '커트아웃(cut out)'을 포워드가 중앙에서 대각선 방향으로 측면을 향해 빠져나가는 움직임이라고 설명했다. 그와는 반대로 측면에 있던 윙어 또는 윙포워드(스리톱에서의 측면 공격수)가 대각선 방향으로 꺾어져 중앙으로 파고드는 움직임을 '커트인(cut in)'이라고 부른다. 호날두나 애슐리 영 등이 이런 플레이를 자주 선보인다.

스리톱의 중앙 돌파는 양쪽 윙어(또는 윙포워드)가 센터포워드와 어떻게 연계해나가는지에 따라 결정된다. 통상적인 커트인은 스리톱 시스템에서 가장 기본적인 동시에 효과적인 패턴이다. 투톱에서 자주 사용되는 커트아웃과 반대되는 내용이다. 상대 풀백의 앞에서 출발해 센터백의 뒤쪽으로 파고드는 것이 기본 동선이 된다. 또 오프사이드 라인과 겹치는 순간이 있으므로 커트아웃 때처럼 패스를 보내는 타이밍을 맞추는 것이 매우 중요하다.

상대 수비의 방어가 강할 수밖에 없는 중앙으로 파고드는 움직임이니만큼 커트인은 커트아웃보다 좀 더 정교하게 타이밍을 맞추지 못하면 성공할 수가 없다. 하지만 상대 골문을 향해 곧장 뛰어 들어가는 동선이기 때문에 한 번 성공으로 절호의 득점 기회를 만들 수 있다. 커트인에 능한 선수들은 패서(passer)가 공을 차는 순간과 쇄도의 타이밍을 맞추는 능력이 뛰어나다.

커트인에 있어서 또 한 가지 살펴볼 점은 커트인의 코스 선택이다. 통상적인 커트인의 동선은 앞서 설명한 것처럼, 풀백의 앞에서 센터백의 뒤로 이어진다. 하지만 수비 태세를 강화하기 위해 백포 라인의 간격을 극도로 좁히는 팀의 수비진을 뚫기에 이 동선은 효과를 거둘 수 없다.

그럴 때에는 풀백의 앞에서 출발을 하되 센터백 쪽이 아니라 사이드라인 쪽으로 크게 돌아가는 동선을 선택할 수 있다. 이런 선택은 어디까지나 상대팀의 수비 조직과 상황에 따라 윙포워드가 순간적으로 판단을 내려야 한다.

한국 선수 중에 커트인과 아웃 플레이에 가장 능한 선수는 이근호라고 할 수 있다. 적절한 타이밍에 패스를 찔러줄 패서만 있다면 이근호의 움직임은 더욱 위력을 발휘한다.

CENTRAL BREAKTHROUGH ⑦
모드리치의 2선 돌파

스리톱에 한정된 이야기는 아니지만, 상대팀을 페널티박스 근처까지 몰아세웠을 때를 가정하자. 상대의 수비수와 미드필더 들이 밑으로 내려가 숫자가 늘어나 있기 때문에 공격 포지션의 선수만으로는 돌파를 위한 방법이 막혀버릴 때가 많다. 이럴 때 유효해지는 방법이 중원의 뒤쪽에 있던 선수에 의한 돌파이다. 동료가 측면으로 공을 몰고 갔을 때 상대 수비수는 다음에 주의를 기울이게 된다.

- 공을 가진 선수
- 공 주변에서 받혀주고 있는 두 명 정도의 선수
- 골문에서 가장 가까운 위치에 있는 중앙 포워드
- 반대쪽 측면을 노리고 있는 윙어

이런 선수들에게 신경을 쓰게 되는 탓에 중앙 아래쪽에서부터 살금살금 올라오는 선수까지 경계할 수가 없거나 움직임을 늦게 감지하는 순간이 있다. 레알마드리드의 루카 모드리치는 이런 타이밍을 간파해 순간적으로 돌파하는 플레이에 능하다. 측면에서 공을 갖고 있는 동료 윙어들과 최전방 스트라이커들에게 상대의 시선이 쏠려 있을 때, 뒤쪽에서부터 모드리치가 파고드는 장면이 많다. 이런 식으로 모드리치가 좋은 득점 기회를 얻는 경우가 많다.

이 책에서 계속 예로 들고 있는 바르셀로나에서도 배후에서부터 뛰어드는 플레이가 뛰어난 선수가 있다. 다름 아닌 차비 에르난데스이다. 2010-11시즌 라리가 레알마드리드와의 13라운드 경기에서 이니에스타가 오른쪽 측면을 따라 드리블로 전진했다. 그 순간 차비가 중앙으로 쇄도해 스루패스를 받아 득점을 올렸다. 2011-12시즌 UEFA챔피언스리그 조별리그 5차전에서 바르셀로나는 AC밀란을 3-2로 제압했다. 선제 득점은 자책골과 페널티킥 추가 득점을 포함해 바르셀로나가 터트린 3득점이 모두 차비의 2선 침투에서 나왔다. 비야, 페드로, 다니엘 알베스 등이 드리블로 상대 선수들의 시선을 유인했고, 수비수들의 경계심이 가장 적어지는 순간 차비가 2선에서 침투했다. 차비는 경기 조율자로서 패스를 뿌리는 역할뿐 아니라 이처럼 기회를 봐서 골을 노리는 등 플레이의 폭이 넓은 덕분에 세계적 톱클래스 미드필더로서 군림하고 있다.

　타이밍이 좋은 2선 침투가 상대 수비진의 경계 실패라고 하지만, 이는 경기를 관전하는 사람에게도 자주 일어나는 현상이다. 주의 깊게 관찰하지 않으면 모드리치가 득점 기회를 만들어내는 장면에서 '왜 저기에 모드리치가 있는 거야?'라든가 '왜 저기에 차비가 있어?'라고 의아스러워하곤 한다. 수비진의 경계심이 허물어진 타이밍을 관중이 정확히 인지해낼 수 있다면 아마도 차비나 이니에스타, 모드리치 같은 선수들이 낚아채는 타이밍 감각이 무의미해질지 모른다.

　모드리치와 차비의 그러한 움직임에 대한 설명에 첨언하자면, 그 선수들의 2선 침투를 가능하게 만드는 체력이 강하다는 점이다. 2선에서부터 침투하기 위해선 긴 거리를 질주해야 한다. 그뿐 아니라 만약 실패해서 역습을 허용한다면 동료가 커버링을 하면서 시간을 끌고 있을 동안에 전진했던 차비, 모드리치가 재빨리 원래 자리로 귀환해야 한다. 차비는 매 경기 12킬로미터 이상을 뛰는 것으로 유명하다. 모드리치도 그에 뒤떨어지지 않는 체력을 보유했다. 그들의 플레이를 보고 있노라면 경기 조율자라는 개념도 향후 10년 내에 크게 변할 것이라는 느낌을 지울 수 없다.

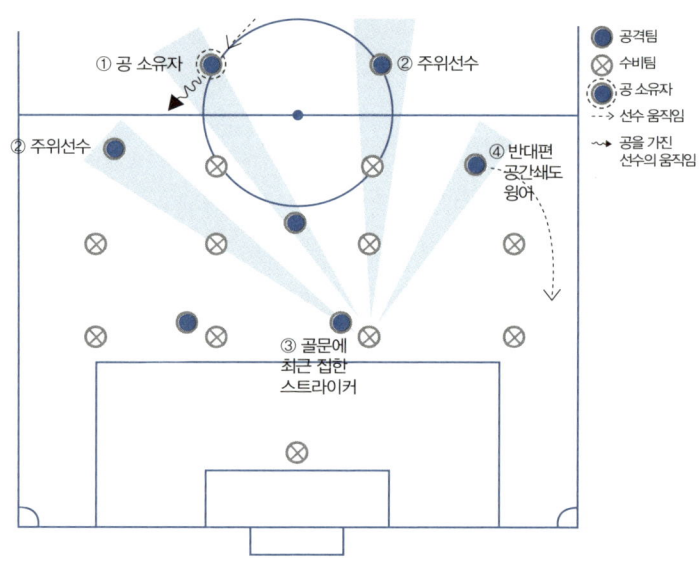

* 수비수의 시선 우선순위는 첫째, 공을 소유한 선수, 둘째, 그 주위에 있어 패스를 가장 쉽게 받을 수 있는 선수, 셋째, 자기 골문에 가장 근접한 공격수, 넷째, 공을 가진 선수와는 반대쪽 영역에서 빈 공간을 노리는 선수가 된다.

| 수비의 시선 우선순위 |

원톱의 공격 방법을 분석한다

CENTRAL BREAKTHROUGH ⑧

기본적으로는 스리톱과 다를 바 없다

　네덜란드의 지도 이론에서는 기본 시스템이 4-3-3, 4-4-2, 3-5-2의 세 가지로 집약되어 있다. 최근에는 4-2-3-1을 채용하는 팀이 많아지긴 했지만 이 시스템의 유래는 4-3-3 하에서 윙포워드로 뛸 수 있는 돌파력을 갖춘 선수가 없는 팀이 측면 미드필더를 원래 윙어 위치에서 아래쪽으로 내려 공을 돌림으로써 풀백의 오버래핑 효과를 살리기 위함이었다. 단, 실제 경기 중의 이런 포지셔닝은 상대 선수의 시스템이나 승점 상황, 잔디 상태 등에 좌우된다. 그래서 4-2-3-1이라고 해서 반드시 윙어의 위치를 아래쪽으로 내려야 한다는 의미는 아니다. 반대로 4-3-3이라고 해서 어느 팀이든지 윙어가 양 측면 쪽으로 넓게 퍼져 있을 필요는 없다. 결국 선수의 특징을 어떻게 살리는가 하는 발상이 더 중요하다. 시스템 표기란 어디까지나 선발 포지션의 약속에 지나지 않는다. 따라서 네덜란드에서는 시스템을 세분화해서 생각하지 않는다. 어디까지나 기본 시스템은 앞서 소개한 세 가지밖에 없다. 4-2-3-1시스템도 4-3-3의 변종으로 생각한다. 그 외의 시스템도 모두 마찬가지다.

그런 개념을 바탕으로 원톱과 스리톱의 본질을 연구하면 결국 중요한 문제는 경기장의 넓이를 홀수로 나눌 것인지 아니면 짝수로 나눌 것인지가 된다. 홀수로 나눈다면 정중앙에 위치하는 센터포워드의 포지션이 생긴다. 좌우는 정중앙을 중심으로 연계 플레이를 시도하게 된다. 앞에서 설명한 커트인 움직임이 대표적인 예다. 센터포워드를 두고 어떤 움직임으로 상대 수비를 허물 것인가가 포인트이다.

짝수로 나눈다고 가정하자. 즉, 투톱을 사용할 때에는 정중앙이란 포지션이 존재하지 않는다. 초기 상태에서는 공간이 비어 있는 정중앙 영역을 두 명이 어떠한 사전 약속으로 침투와 이탈을 반복할 것인가, 라는 투톱의 콤비네이션이 중시된다.

이런 사상은 중원과 수비 라인에서도 적용된다. 예를 들어, 2선 스트라이커를 두는 시스템은 주위에 있는 선수가 2선 스트라이커와 어떻게 협력할 것인가가 중요하다. 2선 스트라이커를 두지 않는 시스템은 비어 있는 센터포워드의 바로 뒷공간을 누가, 어떻게 사용한 것인지가 포인트가 된다. 백스리, 백포 등도 같은 이치다. 경기장의 폭을 홀수로 나눌 것인가 또는 짝수로 나눌 것인가가 기본이 된다. 3인 수비로도 공세에 몰리면 5인 수비 라인으로 전환하기 때문에 본질적으로는 차이가 없다. 경기의 흐름에 따라 보는 눈이 달라질 뿐이다.

이렇게 보면 원톱의 공략법도 기본적으로는 스리톱의 방법과 큰 차이가 없다. 스리톱에서 설명했던 방법이 원톱에서도 통용되고 원톱에서 설명한 부분은 스리톱에서도 동일하게 적용된다. 이러한 전제 하에서 설명을 이어가도록 하겠다.

CENTRAL BREAKTHROUGH ⑨
필리포 인자기의 쇼트커트(short cut)

원톱에 위치하는 센터포워드의 플레이를 분석하기 위해서는 우선 다음의 두 가지를 봐야 한다.

❶ 최대한 전진할 것인가?
❷ 페널티박스의 너비 안에서만 움직이는가?

원톱에게는 위의 두 가지 주문이 가장 기본적으로 주어진다. 이탈리아의 지도론에서는 '원톱은 적진을 향해 최대한 전진하는 존재'라고 정의하고 있다. 상대 수비 라인에 밀려 원톱과 자기 팀의 미드필드 라인 간의 거리가 좁아지면 상대 수비의 밀도가 높아져서 공격을 전개하기가 어려워진다. 그럴 때 ❶번의 주문에 따라 원톱은 최대한 앞으로 전진해 상대의 센터백을 자기 진영에 고정해놔야 한다. 포메이션 상의 종적 깊이를 만들어 상대 수비의 밀도를 떨어트려 동료들을 편하게 하기 위함이다. 따라서 상대 센터백의 압박이 거세더라도 원톱은 절대로 미드필드 지역까지 밀려 내려와선 안 된다.

그렇다고 해서 이브라히모비치처럼 체격을 갖춘 선수가 아니라 평범한 체구의 선수에게 최전방에서 몸싸움을 하라고 요구하는 것도 무리다. 예를 들어, 전통적으로 중원에서의 패스를 중시하고 투톱 전술에 익숙했던 일본 축구에는 한국과 같은 강한 원톱 스트라이커가 별로 없다. 그런 일본 대표팀에서 체격이 작은 스트라이커들에게 '깊이를 만들라'라는 요구가 잘 먹힐 리가 없다. 최근 들어 한국에서도 '대형 스트라이커'라는 표현이 사라지고 팀의 중심이 점점 미드필더들에게 맞춰지는 경향이 짙다. 따라서 국내에서도 포스트플레이어보다는 박주영, 이근호 등의 올라운드 플레이어 타입의 스트라이커들이 대표팀에서 중용된다.

이처럼 체격이 작거나 혹은 테크닉이 뛰어나지 않은 포워드는 어떻게 움직여야 하는 걸까? 흥미로운 힌트를 주는 선수가 바로 필리포 인자기가 보여줬던 '쇼트커트(short cut)'이다.

인자기는 상대 센터백 2명의 사이, 오프사이드 라인 상에 서는 포지셔닝을 취한다. 그곳에서부터 배후 공간으로 패스가 보내지는 동시에 날카로운 스타트를 끊어 골문까지의 최단 루트를 선택해서 달린다. 패스가 연결되기만 하면 한 번에 골키퍼와 일대일로 맞설 수 있기 때문에 상대 수비수는 두려워서 수비 라인을 위로 올릴 수 없다. 치열한 몸싸움이 아니라 뒷공간에 대한 공포를 전달함으로써 인자기는 원톱 스트라이커에게 부여된 임무, 즉 상대 수비 라인을 최대한 끌어내리는 역할을 수행한다. 인자기는 항상 상대 골문까지 다다르는 최단 코스를 확보하는 포지셔닝을 취함으로써 상대에게 두려움을 심어주는 스타일이기 때문에 측면으로 흘러나가면 의미가 없어진다. 즉, 앞서 설명한 ❷번의 주문도 실천하고 있는 셈이다.

그러나 이 '쇼트커트'를 노리는 포지셔닝은 상대 센터백 2인과 동일 선상에 서기 때문에 이들을 향한 땅볼 패스는 인터셉트당하기가

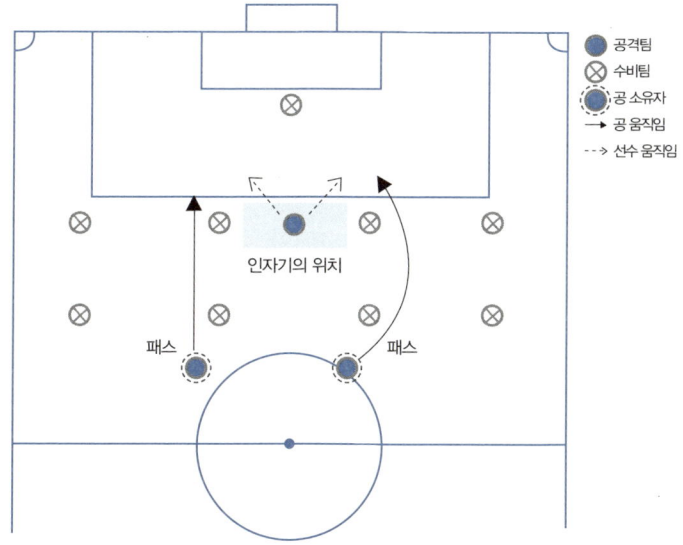

* 오프사이드 라인 상에 서 있다가 동료가 내주는 패스에 타이밍을 맞춰 순간적으로 짧은 대시를 한다. 오프사이드에 걸릴 확률이 높지만 성공하면 결정적인 득점 기회를 잡는다.
* 두 명의 센터백을 항상 달고 다닌다. 센터백의 위치를 최대한 상대 골문과 가깝게 위치시킴으로써 동료들에게 공격 공간을 만들어준다.

| 인자기의 쇼트커트 |

쉽다. 간단히 말해 포스트플레이에는 적합하지 않은 포지셔닝인 것이다. 따라서 이런 종류의 스트라이커는 그들 대신 패스를 잡아줄 2선 공격수 또는 공격형 미드필더와의 궁합이 좋다. AC밀란 시절 인자기는 카카와 클라렌스 세도르프가 있었던 덕분에 위력을 발휘할 수 있다. 선수들의 개성이나 전술은 기용 조합이 중요하다는 뜻이다.

CENTRAL BREAKTHROUGH ⑩
제로톱(zero top)의 진화

'원톱 스트라이커는 상대 최후방 수비 라인을 최대한 끌어내려야 한다'라는 이론을 뒤엎는 팀을 만든 인물이 2005년 AS로마의 사령탑으로 취임했던 루치아노 스팔레티였다. 공격형 미드필더였던 프란체스코 토티를 원톱으로 기용했으나 그의 임무는 통상적인 '수비를 끌어내리는 움직임'이 아니었다. 토티는 자유롭게 중원까지 내려와 패스 돌리기에 참여하면서 득점 기회를 만드는 역할을 맡았다. 일반적인 이론과 정반대였다. 그러나 아래로 내려오는 토티와 포지션을 맞바꾸는 공격형 미드필더가 적극적으로 전진해 상대의 수비 뒷공간을 노렸다.

선발 포지션으로부터 다른 움직임을 취하는 덕분에 팀 공격에 유동성이 생기는 것이 바로 제로톱이다. 일반적인 전술 상식에서 보면 '도대체 왜 토티가 원톱인가?'라고 의아해할 수 있지만 결국 실제 경기는 시스템 그림대로만 움직이지 않는다. 선수들 각자가 자신의 장점을 살린 플레이를 펼칠 수 있도록 변화하는 것이다.

스팔레티 전술은 포워드가 없다는 의미에서 '제로톱'이라는 명칭으로 많은 감독과 팀에 영향을 끼쳤다. 하지만 이 발상 자체를 스팔레티가 시작했다는 인식에는 약간 오해가 있다. 원톱의 위치에 순수한 센터포워드가 아니라 미드필더적인 감각을 가진 선수를 배치하고 자유롭게 공을 다루는 스타일은 크루이프가 지휘봉을 잡았던 90년대 바르셀로나에서 이미 구사되었다. 당시 스트라이커 타입이 아닌 공격형 미드필더였던 미카엘 라우드룹을 센터포워드로 세움으로써 다양한 패스워크와 드리블로부터 득점 기회를 창출했다. 그리고 측면에 있던 흐리스토 스토이치코프가 문전으로 쇄도해 골을 뽑아낸다. '제로톱'이라는 명칭은 몰라도 그 아이디어의 등장은 90년대였다.

축구에 한하지 않고 모든 종목에서, 또는 스포츠 이외의 분야에서도 이론은 중요하다. 그러나 이론이라는 단어의 의미를 '이대로만 하면 된다'로 이해해선 안 된다. 눈앞의 상황에 맞춰서 최고의 퍼포먼스를 발휘하기 위해서는 오히려 이론을 거스르는 방법이 더 효과적일 때도 있다. 제로톱은 그 사실을 말해주는 전술이라고 할 수 있다.

PART 5

측면 공격 분석법
10가지

좋은 측면 공격과 나쁜 측면 공격을 어떻게 구분할 것인가?

SIDE ATTACK ①

왜 측면 공격이 필요할까?

중앙 돌파에 비해 측면 공격을 분석하는 방법은 그리 어렵지 않다. 이유는 간단하다. 사방 360도 어디든 플레이할 수 있는 중앙 영역에 비해 사이드라인이 존재하기 때문에 측면에서의 플레이 방향은 약 180도로 제한된다. 플레이의 선택 옵션이 적은 탓에 관전하는 사람 입장에서도 어떤 일이 벌어졌는지를 파악해내기가 쉽다고 말할 수 있다.

본격적인 내용으로 들어가기 전에 우선 '왜 측면 공격이 필요할까?'라는 원론을 설명하도록 하겠다. PART 3에서 이미 설명했듯이 측면 공격이 필요한 첫 번째 이유는 중앙 지역에 상대 수비수들이 밀집해 있기 때문에 밀도가 낮은 측면을 경유해 곡선 형태로 득점을 노리기 위함이다. 하지만 제일 중요한 점은 두 번째 이유에 들어 있다.

　공격수를 마크할 때 수비수는 그 공격수와 자기 골문 사이에 서 있어야 하는 것이 기본이다. 마크 대상이 공을 소유한 상태로 골문으로 접근하려는 움직임을 막기 위해서다. 이런 식으로 상대 수비수가 마크를 펴는 상황을, 공이 중앙에 있을 때와 측면에 있을 때로 구분해서 생각해보자.

❶ 공이 중앙에 있을 때

　상대 수비수의 시선 범위상, 마크하고 있는 공격수와 공이 좁은 각도 범위 안에 함께 넣을 수 있다. 축구에서는 이런 상황을 '마크와 공을 동일 시야에 놓는다'라고 말한다. 상대 수비수의 입장에서는 마크가 쉬워지는 상황이다.

❷ 공이 측면에 있을 때

　상대 수비수의 몸은 측면을 향하는 상태가 된다. 이 상태로 공격수와 공 사이에 포지션을 잡은 수비수는 공격수를 곁눈질로 감시해야 한다. 마크와 공을 동일 시야에 두기가 어렵기 때문에 마크하기가 어렵다. 그렇다고 동일 시야 내로 공격수와 공을 함께 놓기 위한 위치에 서게 되면 골문으로 향하는 루트를 막는 포지셔닝이 불가능해진다. 배후 공간 등으로 쇄도하는 공격수에게 향하는 스루패스를 허용할 위험도 생긴다.

　특히 공을 가진 공격수가 페널티박스 부근의 측면까지 접근하면 수비수는 골문과 횡으로 나란히 서는 형태가 된다. 이렇게 되면 마크가 더욱 어려워진다. 마크 대상 선수와 공의 각도가 90도 가까이 벌려지는 탓에 동일 시야에 넣기가 불가능해진다. 설상가상 공격수가 골라인 부근까지 치고 들어가면 각도는 90도가 넘게 된다. 이른바 '마이너스 방향의 크로스'까지 허용하게 된다. 이 상황에서 공을 보면서 상대 공격수를 마크해내기는 굉장히 어려워진다.

이처럼 측면 공격에는 상대 수비수의 시야를 최대한 넓혀서 마크가 곤란해지는 효과가 있다. 한국 축구는 전통적으로 측면 돌파를 최대 장점으로 한다. 특히 아시아 무대에서 중동 국가를 상대할 때에는 측면에서 날아드는 날카로운 크로스가 매우 효과적이다.

2014년 브라질월드컵을 1년 앞두고 취임한 홍명보 감독의 '한국형 축구'에서도 측면 공략은 주요 공격 패턴으로 자리 잡았다. 2012년 런던올림픽 당시부터 홍명보 감독은 수비를 단단히 하면서 빠른 역습 위주의 토너먼트 전용 전술을 선보였는데, 볼 점유율을 최대한 높이면서 상대 수비에 틈이 생겼을 때 측면으로 파고드는 방법을 집중적으로 연습했다. 2010년 남아공월드컵에서도 한국은 이청용과 박지성을 양 측면에 배치해 상대의 옆구리를 노려 득점 기회를 노리는 전술을 철저하게 구사했다.

드리블을 살린 측면 공격

SIDE ATTACK ②
측면 공격의 주인공은 역시 윙어

측면 공격의 유효성에 대해서 설명했지만, 좀 더 구체적인 패턴을 예로 들어보자. 가장 간단한 측면 공격은 돌파력을 갖춘 드리블러를 활용하는 방법이다. 2010-11시즌 인테르나치오날레의 사무엘 에토오, 2010년 남아공월드컵 결승에 올랐던 네덜란드 국가대표팀의 아르연 로번이다. 드리블러에 의한 측면 돌파는 해당 선수의 컨디션이 경기 내용을 좌우할 수 있고, 상대 수비수에 막혀버리면 별다른 대안이 없다는 것이 단점이다. 그러나 돌파에 성공하면 한 명만으로 공격을 펼칠 수 있는 덕분에 크로스에 맞춰 중앙으로 뛰어드는 선수의 숫자를 많이 가져갈 수 있다. 또, 도중에 공격이 끊겨 역습당할 때를 대비해 수비적인 선수를 두어 안정적인 운영이 가능한 것이 장점이다.

선수들의 개인 돌파 기술이 비교적 떨어지는 팀은 측면 돌파를 위해 선수를 많이 동원하는 경향이 있다. 그렇게 되면 돌파에 성공하더라도 측면에서 올려준 크로스를 문전에서 받아줄 선수의 숫자가 적어질 수밖에 없다. 크로스가 기막힐 정도로 정확하거나 문전에서 버티는 공격수가 몸싸움과 위치 선정 능력이 뛰어나 상대 수비수들을 압도할 수 있다면 상관없겠지만, 상대의 수비 집중력이 가장 높은 지역인 페널티박스 안에서는 그런 상황을 만들어내기가 현실적으로 어렵다.

드리블러를 활용하기 위해서 중요한 점은 개인기를 갖춘 윙어가 자유롭게 창의적으로 뛰게 해주는 것이다. 앞서 예로 들었던 에토오나 로번은 한 가지 공통점을 가진다. 두 선수 모두 당시 팀에서 자기 뒤에 서는 풀백이 오버래핑을 최대한 자제했다는 사실이다. 풀백이 드리블러를 추월해 전진해버리면 윙어는 앞으로 돌파할 공간이 막혀버린다. 선택 옵션이 줄어들면 자연히 드리블러는 자신감을 갖고 플레이를 펼칠 수가 없게 된다. 에토오 뒤에 있던 나가토모 유토, 로번의 뒤에 있던 그레고리 판 데르비엘은 모두 오버래핑을 장점으로 삼는 선수들이었지만, 당시 팀을 이끌던 감독들은 그 선수들에게 "오버래핑을 자제하면서 앞에 선 윙어가 자유롭게 뛸 수 있도록 지원하라"는 주문을 했다. 현대 축구에서는 풀백의 오버래핑이 당연지사처럼 되어가고 있지만 어디까지나 수비수의 공격 가담은 앞에 서 있는 공격수들만으로 공격이 여의치 않을 때에 한한다.

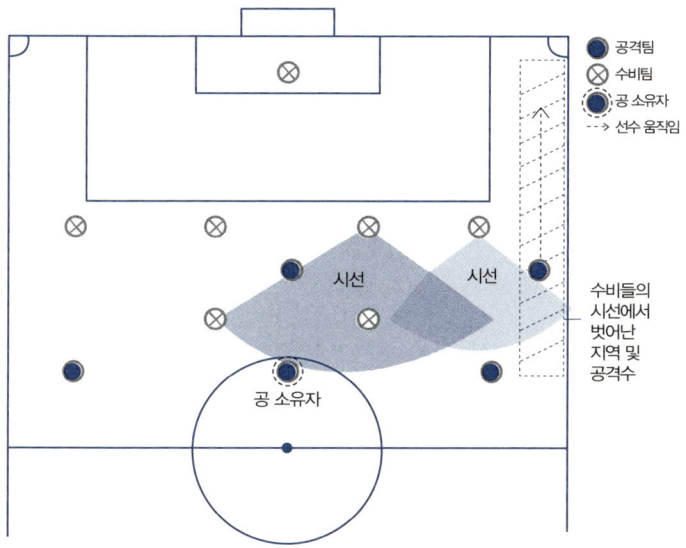

* 고개를 돌리지 않고 시야 범위 내에 선수와 볼이 함께 보이면 수비수는 편하다. 따라서 공격팀은 수비수의 시야에서 벗어난 영역을 공략해야 한다.

| 수비수 시야에서 벗어나는 움직임 |

SIDE ATTACK ③
오른쪽 측면에 서는 오른발잡이는 왜 적을까?

현대 축구에서 윙어는 자신이 주로 사용하는 발과 반대 측면에 배치되는 경우가 많아졌다. 왼발잡이의 메시는 오른쪽 측면에, 오른발잡이인 비야는 왼쪽 측면에 서는 식이다. PART 1에서도 설명했지만, 주로 사용하는 발과 반대쪽 측면에 윙어를 배치하는 것은 체격이 작은 선수가 안정감 있게 볼 키핑을 할 수 있도록 하기 위함이다. 또 드리블 커트인을 통해 주로 사용하는 발로 때리는 슈팅을 주요 공격 패턴으로 사용하기 위해서이다. 예전 축구에서는 '오른발잡이는 오른쪽 측면' 식으로 주로 사용하는 발과 같은 쪽 측면에 윙어를 배치하는 것을 당연시했다. 하지만 90년대 우디네세와 AC밀란을 이끌었던 알베르토 자케로니는 예전부터 반대 측면 윙어 배치론을 선호했는데, 당시만 해도 흔치 않았던 기용인 탓에 화제가 되곤 했다.

최근에는 이와 같은 윙어 배치는 어느 팀에서나 압도적으로 늘어났다. 현대 축구는 골문을 중심으로 중앙에 블록을 쌓아 공간을 없앤 상태에서 지역방어를 펴는 팀이 많다. 그렇기 때문에 종방향으로 돌파해서 밀집지역으로 크로스를 올리기보다 수비 블록의 한가운데로 세밀하게 드리블 커트인해서 상대 수비를 뚫는 편이 득점을 올리기가 쉬울 거라고 여긴다. 축구는 공수가 일심동체가 되어야 하는 스포츠이기 때문에 상대팀에 맞춘 대응 전술이 필요하고, 그래서 이러한 트렌드가 생기거나 쇠퇴하게 된다. 윙어의 역배치(주로 사용하는 발의 반대편에 기용)는 그런 트렌드 중 하나라고 할 수 있다.

그런 의미에서는 윙어가 주로 사용하는 발의 방향대로 양 측면 공격에 나섰던 2010-11시즌 토트넘의 '더블 윙' 진형은 현대 축구의 전술 트렌드상 희귀종이라고 할 수도 있을지 모른다. 왼쪽 측면에 왼발잡이인 가레스 베일을, 오른쪽 측면에 오른발잡이인 애런 레넌을 두어 빠른 스피드를 살린 종방향 드리블로 상대의 측면 공간을 공략했다. 개중에서도 강한 인상을 주었던 장면은 인테르나치오날레와의 UEFA챔피언스리그 경기였다. 인테르의 홈에서 열린 1차전에서 토트넘은 일찌감치 3실점을 허용하며 악몽 같은 출발을 보였다. 그러나 지금 돌이켜보면 그 3실점조차 베일의 진가를 높이기 위한 애피타이저에 지나지 않았다. 하프라인 부근에서 베일은 사네티와 마이콘의 사이로 스루패스를 하는 것처럼 공을 앞으로 찬 뒤 순식간에 튀어나가 페널티박스 왼쪽 45도 각도에서 지면을 스치는 듯한 강력한 슈팅으로 반대편 골문 구석을 정확히 찔렀다. 잠시 후, 베일은 다시 한 번 사네티를 스피드로 따돌린 뒤 거의 동일한 득점 장면으로 두 번째 골을 터트렸다. 베일은 여기서 그치지 않았다. 레넌의 오른쪽 측면 돌파로부터 시작된 공격 기회에서 베일은 왼쪽 45도 각도 지점에서 반대편 골

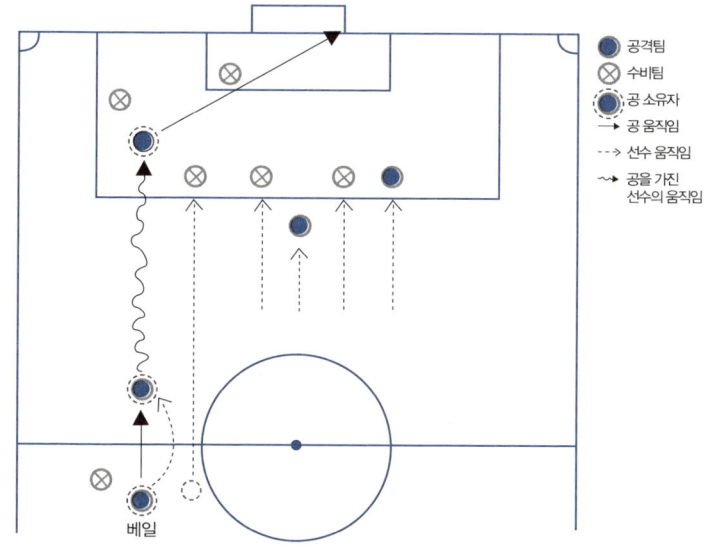

* 2010-11 UEFA챔피언스리그, 인터밀란 4-3 토트넘홋스퍼(2010.10.20)

| 가레스 베일의 측면 돌파 득점 |

PART 5 측면 공격 분석법 10가지 | 147

문으로 정확히 때려 해트트릭을 달성했다.

　이처럼 윙어의 종방향 돌파 속도를 살린다는 의미에서는 역시 주로 사용하는 발과 같은 측면에 세우는 편이 유리하다. 하지만 현대 축구에서 수비는 공간을 없애고 압박을 유지하기 때문에 드리블러가 종방향으로 빠르게 질주하기가 쉽지 않다. 여기서의 키워드는 '카운터 어택(역습)'이다. 상대가 수비를 정비한 상황에서는 어렵지만 공간이 주어진 역습 장면에서는 베일과 레넌의 드리블 속도를 최대한 살릴 수 있다.

　공과 사람 모두 복잡한 동선을 그리는 현대 축구에 있어서 2010-11시즌 베일과 레넌이 보여준 '간단하면서도 강력한 측면 공격' 그리고 맹렬한 스피드의 드리블은 통쾌함 그 자체였다. 지금은 희귀종이라고 불릴지언정 언젠가는 온고지신(溫故知新)으로 표현해야 할 시대가 올지도 모른다.

수비수의 오버래핑을
정확하게 구사하고 있는가?

SIDE ATTACK ④
풀백이 가담하는 측면 공격

첼시의 애슐리 콜, 맨체스터 유나이티드의 파트리스 에브라와 같은 세계적 풀백은 공을 소유한 동료 공격수를 추월하는 움직임(오버래핑)을 빈번하게 사용한다. 상대 수비수는 자기 골문과 가장 가까운 선수, 즉 가장 위험한 선수에게 주의를 기울인다. 따라서 상대의 풀백이 윙어를 추월해 들어오면 마크 우선순위가 윙어에서 골문에 더 근접한 풀백으로 이동하게 된다. 이처럼 혼란을 야기함으로써 상대 수비진의 마크에 틈을 만들거나 2 대 1의 수적 우위를 만드는 효과를 거둘 수 있다. 일반적으로 '오버래핑'이라는 단어는 단순히 '추월하는 움직임'을 가리킨다.

오버래핑은 플레이의 출발시점을 잡기가 어렵다. 가장 피해야 할 플레이는 전방을 향해 달리기 시작해 동료 공격수를 막 추월하려고 하는 순간 공을 빼앗기는 것이다. 그렇게 되면 두 명이 자기 자리를 떠나 있는 탓에 여지없이 역습을 허용하게 된다.

바르셀로나의 다니엘 알베스는 물론 레알마드리드의 세르히오 라모스 역시 오버래핑의 달인들이다. 알베스의 경우, 팀 자체가 경기 내내 항상 공을 소유하고 있는 시간이 대부분이기 때문에 풀백임에도 불구하고 주요 활동 영역 자체가 하프라인 부근 또는 그보다 더 앞선 지점에서 기록될 경우가 적지 않다. 브라질 국가대표팀에서도 알베스는 경기 시작 시에만 풀백 자리에 서는 '가짜' 수비수라고 봐도 무방할 정도로 포지셔닝 자체가 상당히 전진되어 있다. 물론 그만큼 역습을 허용할 위험성도 상존하지만, 알베스가 떠난 영역은 항상 수비형 미드필더가 커버링을 하기 때문에 수비 조직이 일시에 와해되는 경우도 드물다.

SIDE ATTACK ⑤
저울의 원리에 의한 수비 리스크 관리

기본적인 백포 시스템에서는 레프트백이 오버래핑에 나서면 수비수 4인 중 레프트백의 위치에 구멍이 생기게 된다. 그대로 방치해두면 밸런스가 무너지기 때문에 센터백 2인은 왼쪽 측면으로 이동하고, 라이트백도 포지션을 내려서 중앙쪽 수비를 펴는 것이 수비 전술의 기본이다.

만약 양쪽 풀백이 동시에 오버래핑을 한다면, 뒤에는 센터백 2명 밖에 없는 상태가 된다. 공을 빼앗겼을 경우의 위험성이 당연히 높아질 수밖에 없다. 따라서 한쪽 풀백이 오버래핑에 나서면 반대쪽 풀백은 수비에 남아 밸런스를 맞추는 저울 같은 움직임을 취해야 한다.

2013-14시즌 맨체스터 유나이티드의 수비수 배치를 보면 이런 밸런싱을 쉽게 알 수 있다. 라이트백은 필 존스가, 레프트백은 에브라가 맡는다. 알다시피 에브라는 대표적인 공격형 풀백이다. 경기 중 쉼 없이 오버래핑을 통해 공격에 가담한다. 최근에는 측면 돌파가 아니라 상대 진영에서 아크 쪽을 향한 커트인 플레이를 자주 구사한다. 반대편 측면 수비를 담당하는 존스 역시 오버래핑에 일가견이 있다.

알렉스 퍼거슨 전(前) 감독에 의해 수비형 미드필더로도 간간히 기용되었을 때마다 존스는 적절한 쇄도 타이밍으로 팀 공격에 큰 윤활유 역할을 했다. 하지만 에브라가 경기 대부분 하프라인을 넘어가 있기 때문에 존스는 뒤에 남아 센터백 2인(리오 퍼디낸드, 네마냐 비디치)과 함께 상대의 역습에 대비하는 포지셔닝을 취한다. 연고 라이벌 팀인 맨체스터시티도 마찬가지다. 라이트백인 파블로 사발레타가 측면을 따라 바쁘게 왕래하는 것에 비해 반대편에 있는 가엘 클리시는 공격적인 성향을 최대한 억제한 상태로 수비에 무게중심을 두어 팀 전술을 이행한다.

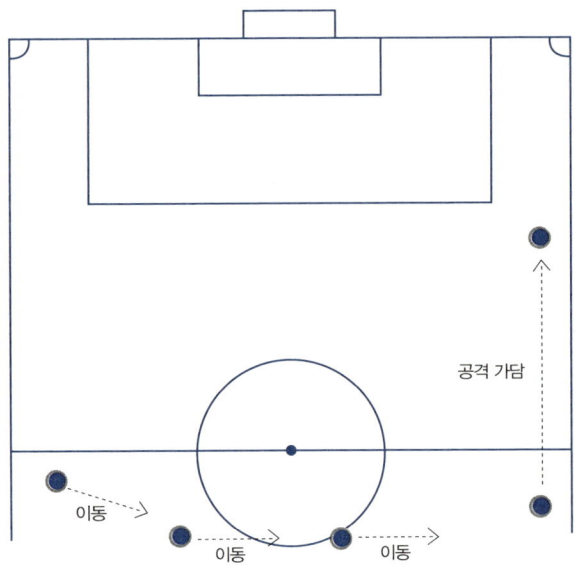

* 라이트백이 공격에 가담하면 레프트백은 자기 진영에 남아 센터백 2인과 함께 백스리 라인을 구성한다.

| 저울의 원리에 의한 리스크 관리 |

SIDE ATTACK ⑥
멕시코 국가대표팀의 양 측면 공격

앞서 설명한 '저울의 원리'는 밸런스를 갖추고 측면 공격을 시도하기 위한 원리이다. 그러나 축구에서는 반드시 상대팀이 존재한다. 공격을 위한 원리가 있다면 당연히 그에 상응하는 수비 쪽 원리도 있다는 뜻이다.

상대팀이 자기 진영으로 내려가 수비 블록을 쌓았고, 측면 공격에 대해서 블록 전체를 측면 쪽으로 이동시켜 수비 밀도를 높였다고 가정해보자. 북한 국가대표팀이 좋은 예다. 2010 남아공월드컵 아시아 지역 예선이라든가 본선에서 북한은 견고한 수비 블록을 조직했다. 또 다른 예는 부산아이파크 시절 '질식 수비'라는 표현을 유행시켰던 안익수 감독의 방식이다. 수비수의 숫자 자체를 늘린 상태에서 긴밀한 움직임과 조직력으로 상대의 측면 공격까지 효과적으로 방해했다.

그런 팀을 상대하려면 '사이드 체인지(side change)'를 통해 비어 있는 반대쪽 측면을 빠르게 공략하고 싶을 것이다. 하지만 공격하는 팀이 저울의 원리를 철저히 지킨다면 수비적 포지셔닝을 취하고 있는 반대쪽 풀백이 사이드 체인지 패스를 받기 위해서 전진해야 하기 때문에 사이드 체인지 과정이 지체될 수밖에 없다. 이런 틈을 타서 상대팀 수비는 전체 조직을 반대 측면 쪽으로 이동시켜 다시 콤팩트한 진영을 세워버린다. 그런 와중에 공격팀이 중간에 패스라도 끊기게 되면 곧바로 역습을 허용한다. 볼 소유 팀이 빠지기 쉬운 실점 패턴이다. 그런 위험성이 있다는 사실을 알고 있지만, 상대팀이 수비수의 숫자를 늘린 상태이기 때문에 공격을 하는 쪽도 공격 가담 숫자를 늘려야만 수비 블록을 허물 수 있다. 그런 순서가 문제인 것이다.

그렇다면 밀집 수비를 펼치는 팀을 상대하기 위해선 어떤 순서로 공격을 해야 하는 것일까? 첫 번째 해답은 멕시코 국가대표팀이 능숙하게 구사하는 양 측면 공격에서 얻을 수 있다. 양쪽 풀백을 상대의 수비 블록과 평행할 정도로 위치를 높게 올린 상태에서 사이드라인에 바짝 붙인 포지셔닝을 유지한다. 앞서 설명한 '저울의 원리'처럼 오른쪽이 올라가면 왼쪽이 내려가는 식이 아니라 양쪽 모두를 전진시킨다. 그 상태로 상대 수비의 배후 공간을 파고드는 움직임을 수행하는 것이다. 그렇게 되면 상대팀의 수비 블록은 높은 위치를 취한 양쪽 풀백을 마크해야 하는 포지션을 취해야 하는 탓에 진형이 좌우로 넓어질 수밖에 없다. 즉, 수비 밀도가 낮아지게 되는 것이다. 바로 이 점이 포인트이다. 수비 밀도만 낮출 수 있으면 그 다음 단계에서 측면, 중앙에 상관없이 포워드와 공격형 미드필더들이 연계 플레이를 통해 수적 우위를 만들어 원투 패스와 오버래핑 등으로 돌파를 시도하면 된다.

하지만 이때 위험 관리를 잊지 말아야 한다. 양 풀백을 전진시킴으로써 수비 쪽에는 센터백 두 명밖에 남지 않게 된다. 따라서 수비형 미드필더를 밑으로 내려서 수비 진영에서 세 명이 상대의 역습에 대응하도록 하는 위험 관리를 유지해야 한다. 중앙 지역에서 한 명이 밑으로 내려가고 양 풀백이 모두 올라간다. 멕시코 대표팀은 이런 시스템 변화에 의한 공격 전술을 임기응변이 아니라 사전 세트업을 통해 실천하고 있다.

이 밖에도 공격형 미드필더가 밑으로 내려가면 수비형 미드필더가 위로 올라간다든지 레프트윙어가 가운데로 이동하면 2선 스트라이커가 측면으로 나가는 등 다양한 연계 패턴을 보이고 있다. 멕시코 대표팀은 이런 전술을 기계적으로 실천하는 덕분에 속도감 있는 시스템 변화를 가능하게 한다.

좋은 크로스와 나쁜 크로스를 어떻게 구분해야 하는가?

SIDE ATTACK ⑦

베컴은 '맞춤형' 크로스를 구사한다

측면 공격을 통해서 페널티박스 안쪽까지 침투하는 데 성공하면 슈팅 등으로 공격을 '마무리'할 수 있게 된다. 그러나 박스 침투가 여의치 않을 경우에는 측면에서 크로스를 제공해 중앙에 있는 동료에게 연결하는 패턴이 유효하게 된다. 지금부터 크로스의 질에 대한 구분법을 설명하도록 하겠다.

우선 키커가 차는 공의 종류를 보자. 언론에서는 흔히 데이비드 베컴이 '일곱 가지 크로스를 구사한다'라고 표현한다. 크로스는 공의 궤적에 의해 스트레이트, 커브(오른발로 차서 왼쪽으로 휘어지는 궤적), 슬라이스(오른발로 차서 오른쪽으로 휘어지는 궤적; 커브의 반대) 세 가지로 나눌 수 있다. 이를 높낮이에 따라 공중 크로스와 땅볼 크로스의 두 가지로 구분하면 합이 6개(3×2)가 된다. 마지막으로 무회전 킥을 보태면 총 일곱 가지가 된다.

물론 이는 언론 보도 편의성에 의한 구분법일 뿐, 실제로 크로스의 구질이 일곱 가지라는 뜻이 아니기 때문에 그 숫자 자체에 의미를 둘 필요는 없다. 베컴이 그 정도로 다양한 크로스 구사가 가능할 정도로 킥 능력이 뛰어나다는 것 정도로만 이해하면 된다.

포인트는 구질의 종류가 아니라 상황에 맞춘 크로스의 선택 가능 여부이다. 기본적인 킥 선택 구분법은 간단하게 두 가지를 들 수 있다. 키가 큰 동료에게 연결시키기 위해서는 파 포스트(far post; 2개의 골포스트 중 키커로부터 먼 쪽)를 향한 하이 크로스, 발이 빠른 동료에게 보낼 때에는 니어 포스트(near post; 파 포스트의 반대, 가까운 쪽)로의 땅볼 크로스이다.

물론 베컴처럼 킥 능력이 뛰어난 선수는 크로스를 받을 동료의 주변 공간까지 감안할 수 있다. 여기에서는 베컴이 오른쪽 측면에서 크로스를 차는 장면을 기본으로 설명하겠다.

❶ 얼리 크로스(early cross; 배후 공간이 크게 비어 있을 때)

얼리 크로스란 측면을 돌파하기 전에 중반 영역 부근에서 일찍 올리는 크로스를 말한다. 측면 돌파가 최종 목적이 아니기 때문에 중앙 영역에 있는 동료에게 보낼 수 있는 타이밍을 찾을 수 있다면 얼리 크로스를 제공하는 편이 낫다. 대각선으로 차는 형태를 띠게 되어 동료의 포지션에 따라 오프사이드에 걸릴 수도 있다.

이런 얼리 크로스에 적합한 구질은 무엇일까? 배후 공간이 크게 비어 있는 상황 하에서는 중앙에 있는 동료가 빠른 쇄도를 통해 이 공간을 활용해야 한다. 오른쪽 측면에서 슬라이스 또는 스트레이트의 얼리 크로스를 차면 공이 상대 골문 방향으로 날아가기 때문에 동료가 달리는 속도를 그대로 살릴 수 있게 된다. 이 상황에서 커브 구질을 선택하면 공이 자기 동료 쪽으로 휘어지기 때문에 정확하게 직접 연결되지 않는 한, 뛰어 들어가던 동료는 질주를 멈추거나 쇄도 속도를 떨어트려야 한다.

❷ 얼리 크로스(상대 골키퍼가 전진 방어할 때)
❶번과 유사한 상황이지만 수비 라인이 조금 더 골문 쪽으로 치우쳐 있어 배후 공간이 좁고, 상대 골키퍼가 전진 방어를 펼치고 있는 상황에서의 슬라이스 크로스는 쇄도하는 동료에게 연결되기 전에 골키퍼에게 끊길 염려가 있다. 이런 경우에서는 슬라이스 구질보다 상대 골키퍼로부터 도망가는 궤도의 커브 크로스가 효과적이다.

❸ 정확하게 떨어지는 크로스(동료가 마크를 따돌리고 슈팅을 때리고자 할 때)
공에 회전을 건 하이 크로스를 차 공중에서 문전에 있는 동료의 머리에 떨어트리는 크로스를 뜻한다. 상대의 마크를 따돌리고 정확하게 동료의 머리에 공을 떨어트리는 정확도가 요구된다. 통상적인 커

브 크로스는 대부분 이런 궤적을 나타낸다.

❹ 높이 띄우는 크로스(동료가 몸싸움에서 이겨 슈팅을 때릴 수 있을 것 같을 때)

공의 밑부분을 깎는 듯이 차 역회전을 건 하이 크로스는 공중에 높이 떴다가 천천히 떨어지게 된다. ❸번처럼 날카롭게 떨어지는 크로스와는 달리 동료가 반응할 수 있는 여유가 생긴다는 장점이 있지만, 이는 상대 수비수도 동일한 조건이 된다. 동료가 몸싸움을 하면서 헤딩을 따낼 수 있는 능력을 가진 경우, 또는 파워 플레이를 이용해 흘러나온 세컨드볼을 노리는 이미지의 크로스를 올릴 때 사용할 수 있다. 통상적인 슬라이스 킥의 대부분이 이런 궤적을 나타낸다.

이처럼 크로스에는 다양한 구질과 그에 적합한 상황이 있다. 그러나 이 정도까지 세세하게 구분하여 크로스를 올리기 위해서는 베컴처럼 킥 능력이 매우 뛰어나야 한다.

이런 크로스들의 종류는 야구에서 투수가 구종을 선택하는 것과 마찬가지다. 슬라이스 크로스가 효과적인 상황에서도 커브 크로스를 잘 차는 선수라면 자신감을 갖고 커브 크로스를 선택하는 쪽이 좋을 때도 있다. 개인의 능력까지 고려하여 크로스의 구질을 구분하고 평가해야 할 것이다.

SIDE ATTACK ⑧
네덜란드식 타이밍 중시 크로스

●

앞서 소개한 베컴처럼 동료의 상황에 맞춘 핀포인트 크로스를 차는 장면이 있는가 하면 타이밍을 중시해 동료 스스로가 맞춰야 하는 크로스도 있다.

네덜란드 국가대표팀의 디르크 카윗과 판 데르비엘 등의 선수가 자주 펼치는 장면이 있다. 측면을 돌파한 뒤에 크로스를 올릴 수 있는 타이밍이 되면 문전에서 동료가 쇄도하든 말든 신경 쓰지 않고 니어 포스트, 파 포스트 식으로 공간을 향해 크로스를 올리는 플레이다. 크로스를 올리는 선수가 문전에 있는 동료에게 맞추는 것이 아니라 문전에 있는 동료 공격수가 측면에서 날아오는 크로스에 맞춰 쇄도한다는 개념이다. 네덜란드식 지도자는 다들 이런 개념을 갖고 있다고 한다.

물론 크로스를 올리는 선수가 완벽하게 자유로운 상황 하에서 중앙의 동료를 찾을 여유가 있을 때에는 정확히 노려서 차는 쪽이 좋다. 하지만 상대 수비의 거센 압박을 받아 그럴 만한 여유가 없을 때, 또는 측면을 돌파해서 타이밍을 놓치지 않고 크로스를 올리고 싶을 때는 이런 타이밍을 중시하는 크로스가 효과적이다. 네덜란드 대표팀뿐만 아니라 공격의 속도감이 장점인 독일 대표팀 등에서도 볼 수 있는 크로스 패턴이다. 크로스를 올리는 선수가 중앙을 보지 않고 볼을 찼을 때, 그곳에 정확히 쇄도하는 선수가 있다는 것 자체가 크로스에 관한 팀의 공통 이해가 성립되어 있는 팀이라고 추측할 수도 있다.

SIDE ATTACK ⑨
크로스의 최적 타점 찾기

　이번에는 날아오는 크로스를 슈팅으로 연결시켜야 하는 동료의 시각을 살펴보자. 우선 크로스에 의한 슈팅에서 가장 중요한 점은 힘을 실어 날아오는 볼을 정확히 임팩트시키는 일이다.

　2012-13시즌 UEFA챔피언스리그 레알마드리드와 맨체스터 유나이티드의 16강 1차전에서는 호날두가 전반 30분 왼쪽 측면에서 날아오는 크로스를 파 포스트 지점에서 머리에 정확히 맞혀 동점골을 뽑아냈다. 왼쪽 측면에서 앙헬 디마리아가 왼발로 올린 크로스는 커브가 걸려 오른쪽으로 휘어져 날아갔다. 호날두와 골대 간 거리는 10.6미터로 헤딩슛에 힘을 싣기엔 너무 멀어 보였다. 하지만 호날두는 제자리에서 수직으로 솟구친 뒤 목 근육의 강력한 힘을 그대로 공에 실었고, 맨체스터 유나이티드의 골키퍼 다비드 데헤아가 몸을 날렸지만 역부족이었다. 당시 호날두의 점프 높이는 미국 프로농구(NBA) 선수 평균값보다 높은 78센티미터로 측정되어 세간의 큰 화제를 모았다.

　또 다른 예는 맨체스터 유나이티드 시절 리버풀을 상대로 터트렸던 박지성의 헤딩슛이다. 2009-10시즌 프리미어리그 홈경기에서 박지성은 1-1 동점 상황에서 문전 다이빙 헤딩슛으로 결승골을 터트리는 수훈을 세웠다. 오른쪽 측면에서 대런 플레처는 자신을 마크하던 수비수의 무게중심이 순간적으로 움직인 틈을 노려 오른발로 크로스를 올렸다. 공은 리버풀의 골키퍼와 최종 수비 라인 사이 지점을 향해 빠르게 날아갔다. 순간 박지성은 문전에서 몸을 날려 크로스를 머리에 정확히 맞혀 천금 같은 결승골을 뽑아냈다. 슈팅 지점도 골문으로부터 가까웠을 뿐 아니라 빠르게 날아오는 크로스를 박지성이 머리로 정확히 맞힌 덕분에 상대 골키퍼는 제대로 반응하지 못한 채 결승골을 허용하고 말았다.

크로스를 슈팅으로 연결시키는 플레이에는 임팩트 능력도 중요하지만, 이렇게 위협적인 슈팅으로 연결시키기 위한 최적의 타점을 찾아내는 능력이야말로 뛰어난 공격수가 되기 위한 전제조건이다.

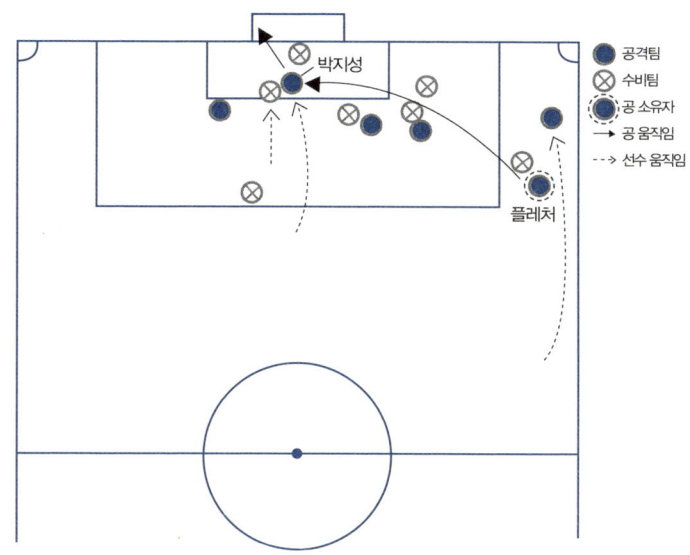

* 2009-10시즌 프리미어리그, 맨체스터유나이티드 2-1 리버풀(2010.3.21)

| 플레처의 크로스에 이은 박지성의 다이빙헤딩 득점 |

SIDE ATTACK ⑩
지단과 이충성의 타이밍을 만드는 발리슛
●

측면 크로스는 타이밍과 정확도가 맞지 않는 경우가 많기 때문에 힘이 실린 슈팅으로 연결시키는 책임이 반드시 중앙에서 크로스를 받는 동료 공격수에게만 있다고 할 순 없다. 제아무리 볼 임팩트 능력이 뛰어난 선수라고 해도 크로스를 올려주는 선수가 측면에서 불필요하게 페인팅을 넣는 등 언제 크로스를 올려줄지 모르는 상황에서는 문전에서 정확하게 맞히기가 매우 어려워진다.

이런 상황에서는 크로스가 자신이 있는 곳으로 날아온다고 해도 이미 힘을 잃은 상태(정지한 상태)에서 기다려야 한다. 그렇게 되면 크로스에 발이나 머리를 맞히기만 해서는 강한 슈팅을 때릴 수가 없기 때문에 자신의 신체를 사용해 크로스를 강하게 임팩트시켜야 한다. 헤딩이라면 몸을 뒤로 젖혔다가 반동을 이용해 머리를 공에 맞힘으로써 위력을 발휘할 수 있다. 머리나 고개를 최대한 세게 휘두르는 타이밍을 공이 떨어지는 순간과 정확히 맞춰야 하기 때문에 그냥 맞히기만 해도 되는 경우보다 훨씬 어렵다. 크로스를 맞히기만 할 때에는 선(線)으로 맞히는 이미지, 목을 이용해 헤딩슛에 힘을 실을 때에는 점(点)으로 맞히는 식이다.

머리가 아니라 발로 맞히는 패턴으로는 2001-02시즌 UEFA챔피언스리그 레알마드리드와 바이에르 레버쿠젠의 결승전에서 승부를 가른 지네딘 지단의 발리슛이 대표적인 예라고 할 수 있다. 로베르토

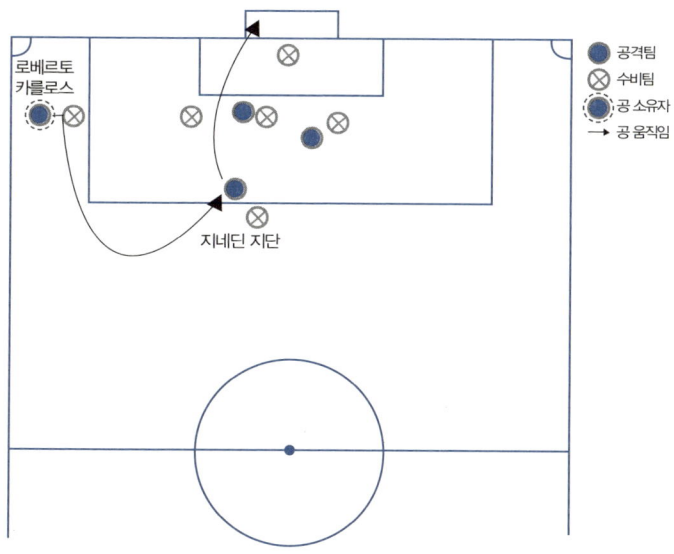

* 2001-02시즌 UEFA챔피언스리그 결승전, 레알마드리드 2-1 바이에르 레버쿠젠(2002.5.15)

| 지단의 논스톱 발리 득점 |

　카를로스가 왼쪽 측면에서 차 올린 크로스는 상대 수비수의 몸에 맞고 높이 솟구쳤다. 지단은 이미 이동을 멈춰 힘을 잃은 상태에서 자기 몸을 비틀어 높은 위치에서 신기에 가까운 임팩트로 발리슛을 성공시켜 결승골을 뽑아냈다.

　2011년 AFC아시안컵 결승전에서 일본의 이충성이 터트렸던 발리슛도 마찬가지였다. 왼쪽 측면에서 나가토모 유토가 올려준 크로스를 지단이 했던 대로 이충성도 몸을 돌려 크로스에 타이밍을 맞춰 발리슛을 연결시켰다. 이충성은 이런 크로스에 이은 발리슛 능력이 매우 뛰어나 훈련 시에도 다이내믹한 발리 득점을 자주 보여준다. 지단과 이충성의 발리 득점은 결코 우연의 산물이 아니었다.

두 선수의 공통점은 공의 낙하 지점을 예측하는 능력과 발리슛의 타이밍을 스스로 만들어내는 리듬감이 훌륭하다는 것이다. 난이도 면에서 이야기하자면 수직으로 떨어지는 공을 정확히 맞힌 지단의 발리슛이 더 뛰어나다고 할 수도 있겠지만, 이충성의 발리슛도 그에 못지않게 훌륭했다.

PART 6

공수 전환 분석법
6가지

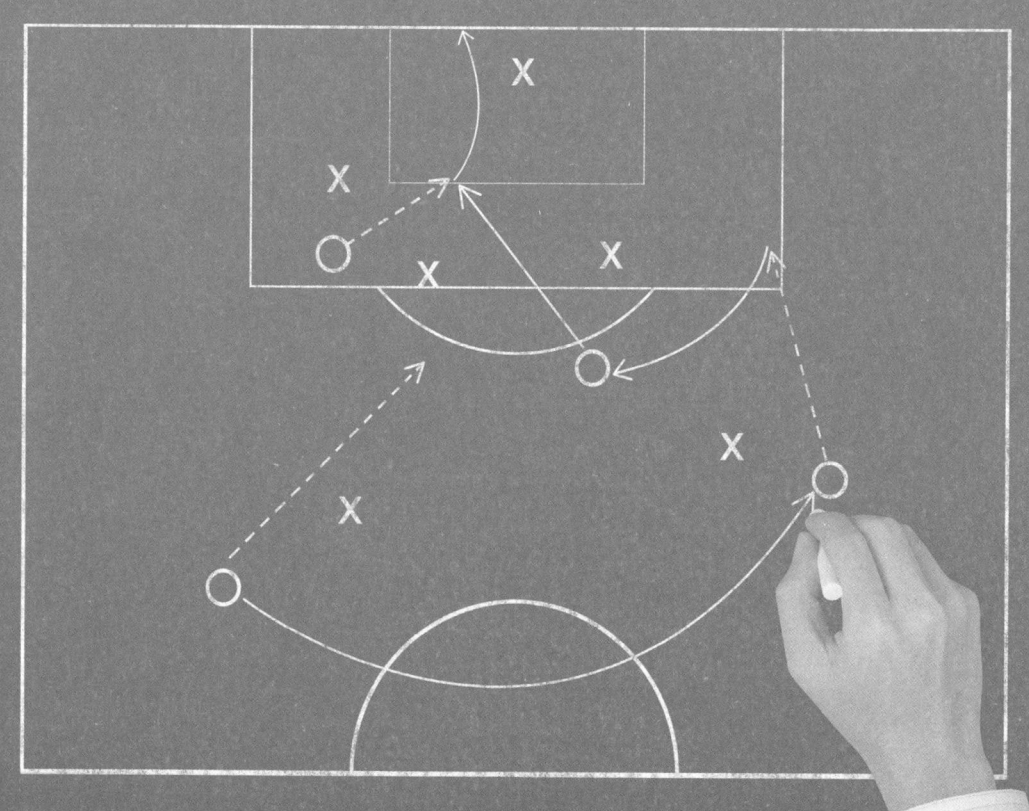

수비에서 공격으로 전환할 때

CHANGE PHASE ①

아르샤빈의 제3의 쇄도가 성공률을 높인다

'공수 전환'이란 공을 빼앗은 뒤 공격으로 전환하기까지, 또는 공을 빼앗긴 직후 수비를 취하기까지 소요되는 1~2초간의 과정을 가리킨다. 포인트는 간단하다. 이 1~2초간에 역습을 시도할 수 있는지, 수비 쪽에서는 그런 상대의 역습을 막을 수 있는지로 축약할 수 있다. 보통 경기 중에는 양 팀이 수비 블록을 단단히 조직한 상태에서 대응하기 때문에 공격 측이 이를 허물고 득점 기회를 만들기가 쉽지 않다. PART 3~5에서 설명한 이론을 복합적으로 구사하며 노력을 기울여야 겨우 상대 골문 앞까지 다다를 수 있다.

그런데 이번 장에서 설명할 '공수 전환'은 사정이 약간 다르다. 공격 포지션에서 수비 포지션으로 변경하는 과정에서는 반드시 진형의 구멍이나 틈이 발생한다. 따라서 수비 측이 정비를 갖추기 전에 빠른 움직임으로 돌파할 수 있다면 적은 수의 공격수만으로도 좋은 득점 기회를 만들 수 있다.

2010-11시즌 UEFA챔피언스리그 아스널과 바르셀로나의 8강전을 보자. 홈팀 아스널이 넣은 두 번째 결승골은 공수 전환이 발생하는 1~2초의 틈에서 시도된 역습에 의한 득점이었다. 아스널은 자기 진영에서 빼앗은 공을 잭 윌셔와 세스크 파브레가스로 연결시켜 빠르게 오른쪽 측면의 배후 공간으로 스루패스를 넣었다. 그곳으로 사미르 나스리가 쇄도했다.

볼 점유율을 중시하는 바르셀로나는 공을 빼앗겨도 자기 진영으로 내려가지 않고 반드시 공을 회수하기 위한 압박을 가하는 스타일이다. 그런 탓에 위의 공수 전환 장면에서도 바르셀로나의 높은 수비 라인의 뒤쪽에는 공간이 크게 비어 있었고, 아스널이 그곳을 공략한 것이다. 오른쪽 측면에서는 나스리, 중앙 영역에서는 로빈 판 페르시가 쇄도해 순식간에 득점을 노렸다.

그러나 아스널의 역습이 이 두 명만으로 시도되었다면 결승골은 얻어내지 못했을 것이다. 드리블하고 있던 제1 선수(나스리)와 그 패스를 받기 위해 쇄도하는 제2 선수(판 페르시)가 있다. 자기 진영으로 복귀한 바르셀로나의 수비수들은 양쪽 모두 확실하게 지키고 있었다. 하지만 인간의 한계상 공을 몰고 들어오는 선수(제1 선수)와 패스를 받으려는 선수(제2 선수)까지 인지할 순 있어도 공격 숫자가 3명으로

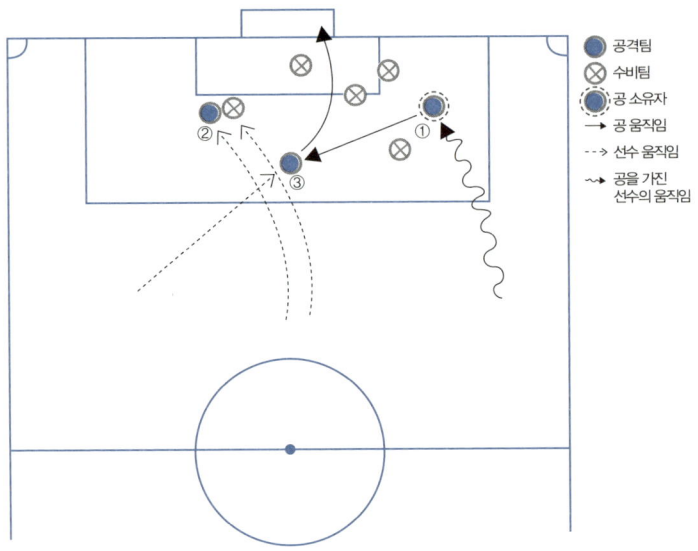

* ②가 수비수를 유인함으로써 ③에게 완벽한 슈팅 공간을 만들어준다.

| 제3 선수에 의한 역습 예 |

늘어나면 수비수의 인식 능력은 급격히 떨어진다. 골을 넣은 선수는 판 페르시보다 늦게, 뒤쪽으로부터 홀로 쇄도했던 제3의 선수, 안드레이 아르샤빈이었다. 그는 자신의 쇄도를 지각하지 못했던 바르셀로나의 수비진 뒤쪽으로 파고들어 나스리로부터 패스를 받아 오른발 다이렉트슛으로 득점에 성공했다.

    3인 이상이 참가하지 않는 역습은 성공률이 극단적으로 낮아진다. 2인 이하인 경우는 둘 중 한 명이 스피드나 테크닉으로 일대일 돌파에 성공하거나 어려운 슈팅을 득점으로 연결시키는 등의 슈퍼 플레이가 필요하다.

CHANGE PHASE ②
호날두의 쾌속 질주

　현대 축구에서 역습에 가장 능한 선수는 다름 아닌 호날두다. 2011-12시즌 라리가 13라운드였던 발렌시아와 레알마드리드의 경기에서 호날두가 넣은 팀의 세 번째 득점도 역습에서 나왔다. 오른쪽 측면에서 왼쪽 측면의 공간으로 보내진 롱패스를 호날두는 초인적인 스피드로 달려가 잡은 다음에 로빙볼로 골키퍼의 키를 넘겨 텅 빈 골문 안으로 밀어 넣었다.

　이전 항목에서 설명한 '제3 선수의 쇄도' 외에도 역습에서 눈여겨봐야 할 포인트는 많다. 역습은 속도가 생명이다. 공격 측이 얼마나 빠르게 공을 운반하는가를 관찰해야 한다. 바르셀로나의 전(前) 감독 펩 과르디올라는 축구의 본질적 특징에 대해서 "패스보다 빠른 드리블은 없다"라고 말한 적이 있다.

　당연한 말이지만 드리블 스피드는 인간의 달리기보다 빨라질 수가 없다. 하지만 패스는 킥의 세기에 의해 스피드가 결정된다. 프로선수라면 130킬로미터 정도의 속도로 공을 찰 수가 있다. 패스와 드리블 중 어느 쪽이 빠른지는 너무나 뻔한 비교가 된다.

　발렌시아전에서 나온 호날두의 득점도 드리블은 사용되지 않았다. 발렌시아의 공격을 수비 진영에서 끊어낸 뒤, 메수트 외질과 곤살로 이과인이 머리로 연결시켰고, 카림 벤제마가 전방에 펼쳐진 공간으로 길게 차 보낸 바로 그곳에 호날두가 달려들었다. 전부 원터치에 의한 다이렉트 플레이였다. 바로 이것이 가장 빠른 역습의 형태이다. 공간이 열려 있다면 드리블을 하기보다도 패스를 보내고 공이 없는 상태에서 뛰어 들어가는 편이 빠르다. 물론 호날두의 경우는 드리블에서도 질주 속도가 거의 떨어지지 않기 때문에 충분히 위협적일 수 있지만, 역습 속도를 최대한으로 살리기 위해서는 패스에 이은 전력 질주가 최고의 방법이라고 할 수 있다.

CHANGE PHASE ③
항상 역습 태세를 갖추고 있는 호날두

2008-09시즌 UEFA 챔피언스리그 준결승전에서는 아스널과 맨체스터 유나이티드가 맞붙었다. 홈 1차전에서 아스널을 1-0으로 꺾은 맨체스터 유나이티드는 2차전을 원정으로 치렀다. 당시 맨체스터 유나이티드는 호날두와 웨인 루니가 득점력을 폭발시키면서 2년 연속 UEFA 챔피언스리그 결승 진출을 눈앞에 두고 있었다. 한 골을 뒤진 아스널은 홈에서 어떻게든 전세를 뒤집어야 하는 상황이었지만, 경기 시작 8분 만에 박지성에게 선제 득점을 허용했고 3분 뒤 호날두에게 프리킥으로 실점하면서 일찌감치 전의를 상실했다. 합산 스코어에서 3-0으로 뒤진데다 원정득점 우선 원칙까지 생각하면 아스널은 무조건 4골 이상을 넣어야 하는 어려운 상황이었다.

후반 16분 맨체스터 유나이티드의 페널티박스 안으로 올린 아스

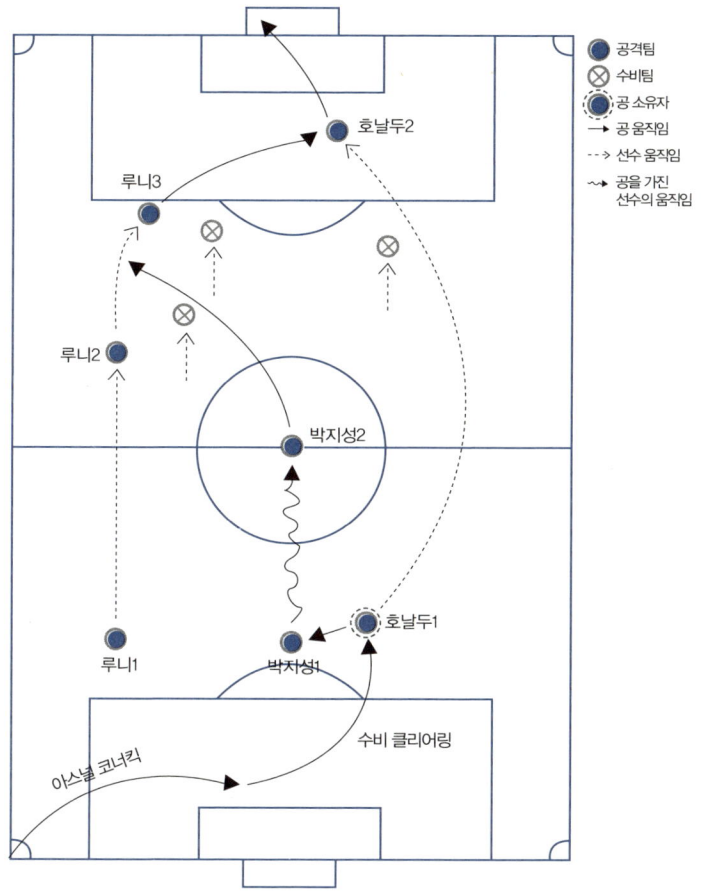

| 호날두의 역습 |

* 호날두 ⇨ 박지성 ⇨ 루니 ⇨ 호날두

널의 크로스가 밖으로 흘러나왔다. 수비에 가담하지 않은 채 자기 진영 페널티박스와 센터서클 중간 지점에 포지셔닝하고 있던 호날두가 이 공을 힐킥으로 패스했고, 박지성이 이를 왼쪽으로 쇄도하는 루니의 앞 공간으로 찔러 넣었다. 루니는 두 번의 터치만으로 문전으로 땅볼 패스를 보냈고, 어느새 달려온 호날두가 논스톱 슈팅으로 팀의 세 번째 득점을 뽑아냈다.

여기서 주목해야 할 점은 호날두의 포지셔닝과 역할이다. 자기 팀이 페널티박스 안에서 수비를 펼치고 있을 때, 호날두는 공격 중인 아스널의 뒤쪽에서 공의 흐름만 쫓는 일종의 '스토킹'을 하고 있었다. 그의 포지션 덕분에 박스에서 튕겨져 나온 공을 상대 선수들의 별다른 압박 없이 쉽게 잡아낼 수 있었다. 호날두로부터 시작된 역습이 호날두에 의해 마무리되는 환상적인 역습 득점을 만들어낸 역습 대비 포지셔닝이었다.

만약 호날두가 자기 쪽 페널티박스 안까지 내려와서 수비에 가담하고 있었다면 이런 움직임은 불가능해진다. 이런 호날두의 역할에 대해서 스페인의 지도자들은 "역습을 충전하는 선수"라고 표현한다. 단순히 수비를 게을리하는 것이 아니라 다음 단계에서 생겨날지 모를 역습 기회를 대비해 호날두가 편하게 패스를 받을 수 있는 위치를 점하고 있다는 사실을 팀 동료들이 모두 알고 있기 때문에 수비 조직에서 호날두의 공백이 존재하지 않는다.

공격에서 수비로 전환할 때

CHANGE PHASE ④

바르셀로나 방식의 공격 방법

다음은 역습을 성공시켜야 하는 쪽이 아니라 그것을 막아내는 쪽, 즉 공격에서 수비로 전환하는 장면에 대해서 생각해보도록 하겠다. 접근 방법은 크게 두 가지로 나뉜다.

첫 번째는 바르셀로나가 사용하는 '압박 전술'이다. 빼앗긴 공이 종방향으로 운반되지 못하게끔 전원이 빠르게 압박을 가한다. 압박이 잘 이루어지면 볼 소유권을 되찾을 수 있지만, 실패하면 배후 공간이 뚫릴 위험도 있다. 앞서 서술했던 아스널과 바르셀로나 경기에서 벌어진 아르샤빈의 득점 사례에서는 공을 빼앗긴 직후 압박에 실패했던 바르셀로나의 약점이 두드러졌지만, 경기를 전체적으로 보면 압박에 성공하여 소유권을 되찾는 장면이 더 많다.

포인트는 공을 빼앗겼을 때 수비 측면에서의 준비태세이다. 공격 시 패스를 내준 선수와 받는 선수 이외에 제3자의 움직임이 중요하다고 설명했는데, 이는 수비 시에도 마찬가지이다. 빼앗긴 공에 대해서 제3의 선수가 얼마나 빠르게 압박을 가하는가가 포인트가 된다. 바르셀로나의 경우에는 부스케츠, 이니에스타, 차비가 그 역할을 수행하는 경우가 많다. 바르셀로나의 경기는 항상 속도감이 있는 동시에 박진감이 높은 전개를 보인다. 그 비결 중 하나가 빼앗긴 공에 대한 적극적인 압박인 것이다.

CHANGE PHASE ⑤
이탈리아 방식의 후퇴 방법

역습에 대한 두 번째 수비 전술은 이탈리아 세리에A에서 자주 볼 수 있는 '후퇴 수비'이다. 빼앗긴 공에 대해서 전방 압박을 가하는 바르셀로나 방식과는 달리 후퇴 수비는 공을 쫓지 않고 자기 진영의 골문을 향해 곧바로 돌아오는 스타일이다. 그렇게 해서 수비 블록을 형성한 다음에 역습에 대비한다.

적극적인 압박과는 다르게 높은 위치에서 공을 다시 빼앗을 가능성은 적어지지만 그 대신 두 가지 장점을 지닌다.

❶ 바르셀로나 방식처럼 압박이 뚫렸을 때 위기를 초래할 위험을 미리 방지할 수 있다. 공을 수비 블록 앞에서 다시 빼앗을 수 있기 때문에 안정적인 상황에서의 대응이 가능해진다(뒤로 물러나면서 하는 수비는 시야를 계속 바꿔줘야 하는 탓에 쉽지 않다).

❷ 이탈리아 방식의 후퇴 수비에서는 바르셀로나 방식처럼 빼앗긴 공을 다시 빼앗아오고, 그것을 다시 빼앗기는 식으로 치열한 공수 전환이 일어나지 않는다. 세리에A는 다른 리그에 비하면 속도감이 떨어지는데 이러한 공수 전환 시의 수비 전술 콘셉트가 큰 이유라고 할 수 있다.

이처럼 공격에서 수비로의 전환에는 전방 압박과 후퇴 수비의 두 가지 종류가 있다. 단, 두 방법 중 어느 한쪽만 구사하는 팀은 거의 없다. 빼앗긴 공의 위치에 자기 편 선수가 많으면 전방 압박을 가하고, 그 압박에서 공을 되찾지 못하면 빨리 자기 진영으로 돌아오는 패턴을 보인다. 즉, 두 가지 수비 전환 방법을 혼용하는 경우가 많다.

CHANGE PHASE ⑥
절대로 공을 빼앗겨선 안 되는 위치

●

역습을 막기 위한 또 하나의 포인트는 공을 위험하게 빼앗기지 말아야 한다는 점이다. 가장 흔한 실수는 최후방 수비 라인으로부터 나온 패스를 연결시키기 위해 센터서클 아래까지 내려온 수비형 미드필더가 상대 공격수에게 공을 빼앗기는 장면이다. 이렇게 되면 순간적인 역습을 허용할 수 있다. 자기 진영에서 자기 골문을 바라본 상태로 공을 소유하거나 또는 횡패스가 끊기게 되면 수비를 펼치고 있는 선수의 숫자가 적기 때문에 상대에게 단번에 문전 돌파를 허용할 위험이 크다. 역습을 당하기 딱 좋은, 매우 좋지 않은 장면이다.

2010년 남아공월드컵 조별리그 첫 번째 경기에서 대한민국의 주장 박지성은 그리스 수비의 횡패스를 미리 예측해 끊어낸 뒤 그대로

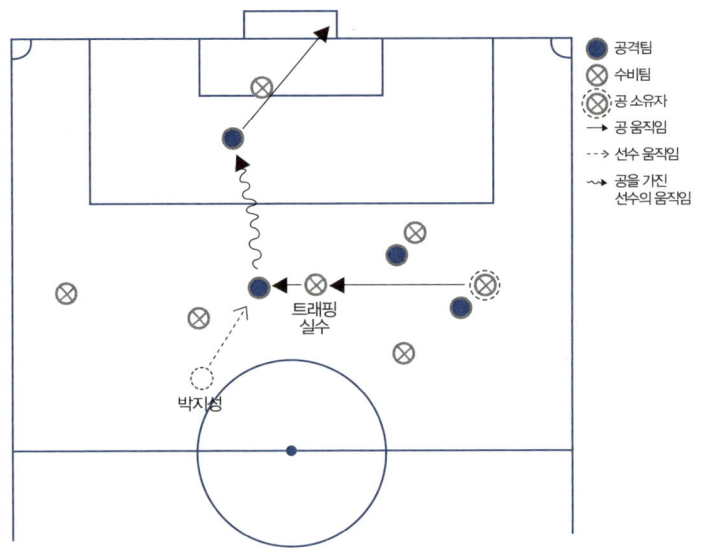

* 2010 FIFA 남아공월드컵 B조 1차전, 대한민국 2-0 그리스(2010.6.12)

| 위험 지역에서 볼을 빼앗겨 실점 허용 |

문전을 향해 드리블해 들어간 뒤 팀의 두 번째 골을 뽑아냈다. 그리스의 수비적 관점에서는 절대로 공을 빼앗겨선 안 될 지점에서 치명적인 실수를 저지른 셈이다.

경기 중 어느 팀이 어떤 상황에서 어떻게 공을 빼앗기는지를 살펴보는 것도 매우 중요한 관전 방법이 될 수 있다.

PART 7

수비 분석법
8가지

수비 진형을 어떻게 관찰할 것인가?

DEFENCE ①

압박은 하지만 효과를 거두지 못한다

2010-11시즌 UEFA챔피언스리그 대망의 결승전은 바르셀로나와 맨체스터 유나이티드의 매치업으로 치러졌다. 2008-09시즌 결승전에서의 실패를 곱씹은 알렉스 퍼거슨 감독은 박지성에게 미들 서드(middle third; 삼등분한 경기장 중 가운데 부분)에서 리오넬 메시의 맨마킹을 특별 주문했다. 그러나 결과는 바르셀로나의 3-1 완승이었다. 경기 초반 맨체스터 유나이티드는 선수 간격을 극단적으로 좁히고 최후방 수비 라인에서부터의 빌드업에서 많은 시간을 소모함으로써 신중한 승부를 걸었다. 그러나 전반 27분 차비의 천재적인 킬패스 한 방에 수비 조직이 약점을 드러내며 페드로에게 선제 실점을 허용했다. 7분

뒤 웨인 루니가 회심의 동점골을 뽑아내는 데 성공했지만 결국 경기 전반적으로 바르셀로나의 '티키타카'에 압도당하며 완패하고 말았다.

맨체스터 유나이티드의 패착 중 하나가 라이언 긱스의 중앙 미드필더 기용으로 지적되었다. 마이클 캐릭이 파트너로서 허리를 지키고 긱스가 전반적인 팀플레이를 조절한다는 퍼거슨 감독의 계획은 수포로 돌아갔다. 볼 소유권을 갖지 않은 상태에서는 긱스의 패스 연결이 무의미할 뿐 아니라 '오프더볼(off the ball; 공을 갖고 있지 않은 상태)'에서의 철저한 수비 압박을 90분 동안 지속하기엔 그의 체력이 충분하지 않았기 때문이다. 박지성을 포함해 맨체스터 유나이티드의 선수들은 전원 열심히 바르셀로나의 패스를 따라다녔지만 효과를 거두지 못했다. 수비 안정화를 꾀하기 위해 최후방 수비 라인을 너무 아래로 내린 탓이었다.

통상적으로 수비 압박의 출발 기점은 다음의 두 가지 종류라고 할 수 있다.

❶ 공이 미들 서드 지역에 들어왔을 때(상대 진영에서부터 압박)
경기장의 중간 부분을 가리키는 미들 서드 부근에서 상대팀의 센터백이 공을 소유하고 있을 때, 포워드가 수비를 시작해 압박을 가하기 시작한다. 공격적인 팀이 선호하는 전술이다.

❷ 공이 하프라인을 넘어왔을 때(자기 진영에서 압박)
상대 진영에 공이 있을 때는 관망하다가 하프라인을 넘어오는 부

근에서 압박을 개시한다. 상대의 수비형 미드필더가 풀백에게 패스를 넣을 때를 노려 압박하는 이미지라고 할 수 있다. 상대의 센터백을 자유롭게 놔둠으로써 볼 점유율에서 뒤지게 될 확률이 높으므로 공격적인 팀에는 적합하지 않다. 수비를 중시한 경기를 운영할 때 채택되는 전술이다.

맨체스터 유나이티드는 ❶번의 전술을 기본으로 경기를 시작했다. 전방 공격수로 나선 하비에르 에르난데스와 웨인 루니, 그리고 포지션에 상관없이 메시를 쫓아다녔던 박지성이 높은 위치에서부터 압박을 가해 바르셀로나의 패스 연결을 통한 빌드업을 방해하려고 노력했다. 그러나 바르셀로나는 패스 연결 과정에 골키퍼까지 참여시켜 사이드 체인지를 구사하며 여유 있게 상대의 1차적 압박을 피해갔다.

골키퍼가 발 기술을 이용해 빌드업 과정에 참여하는 전술을 실천하는 K리그 클래식 구단은 거의 없다. 대한민국 국가대표팀에서도 이런 전술은 낯선 듯 상대가 높은 위치에서부터 압박을 가하면 의미 없는 전방 롱패스를 보내 위기를 모면한다. 2013년 9월 10일 있었던 크로아티아와의 평가전에서도 한국 대표팀은 상대의 스리톱이 하프라인을 넘어와 압박을 가하자 센터백이나 골키퍼가 클리어링과 다를 바 없는 롱볼로 상황을 마무리했다. 그러나 크로아티아는 수비형 미드필더와의 긴밀한 패스워크로 가급적 롱볼을 자제하는 움직임을 보여 한국과는 다른 경기 운영을 선보였다. 수비를 분석할 때는 우선 그 팀의 포워드가 어느 지점에서부터 수비 압박을 시작하는지를 관찰하는 것이 출발점이 된다.

DEFENCE ②
최종 수비 라인의 위치와 센터백의 스타일

포워드가 어떤 위치에서 수비 압박을 시작하는지를 관찰했다면, 그 다음에는 최종 수비 라인의 높이를 관찰해야 한다. PART 3에서 설명한 것처럼 '공격은 넓게, 수비는 좁게'가 원칙이기 때문에 최대한 간격을 좁혀 콤팩트한 진형을 만들어야 수비하기가 편하다. 'DEFENCE ①'에서 서술한 ❶번 항목처럼 수비의 시작 위치가 높으면 최종 수비 라인도 높게 형성해야 하고, ❷번 항목처럼 낮다면 최종 수비 라인도 낮아지게 된다.

홍명보 감독의 국가대표팀은 수비 압박의 출발 위치가 높기 때문에 최종 수비 라인을 높게 형성해야만 콤팩트한 조직을 유지할 수 있다. 그런데 크로아티아전에서는 센터백과의 스타일 문제가 있었다. 그 경기에 선발 출전했던 중앙수비수 곽태휘와 김영권은 공중전에 강할 뿐 아니라 발 기술 면에서도 기본기를 잘 갖춘 정상급 수비수들이다. 그러나 곽태휘의 경우 스피드에서 문제점을 드러낸다. 최종 수비 라인을 높게 올리면 그만큼 배후 공간을 향한 스루패스나 롱패스로 돌파를 허용할 위험이 있기 때문에 센터백의 발이 빠르지 않으면 커버링이 지연되고 만다. 둘 중 한 명의 발이 빨라서 어느 정도 보완할 수도 있겠지만, 두 선수 모두 느리다면 높은 위치에서 최종 수비 라인을 성공적으로 유지시키기란 기대하기 어려워진다. 홍명보 감독이 홍정호를 선호하는 이유 중 하나도 그가 발 기술을 갖춘 데다 스피드를 갖췄기 때문이다.

이렇게 최종 수비 라인의 높낮이는 센터백의 플레이 스타일과 밀접한 관계가 있다. 센터백의 특징과 최종 수비 라인의 형성 위치가 잘 조화되어 있는지를 분석해내는 것이 포인트라고 할 수 있다.

수비 라인이 높든 낮든 진형을 콤팩트하게 유지하는 것이 수비 전술의 기본 원칙이다. 진형의 길이가 늘어나면, 즉 최전방 공격수와 최후방 수비수 사이의 간격이 길어져 상대에게 공간을 허용하면, 개인 기술이 뛰어난 상대 공격수가 자유롭게 되는 탓에 패스나 드리블 등으로 돌파당하기가 쉬워진다.

지금까지 설명한 것들을 한데 묶어 관찰함으로써 수비의 기본인 콤팩트한 조직의 유지 여부가 잘 이루어지는지를 분석해낼 수 있다. 그렇다면 실제로 어느 정도의 간격이 되어야 '콤팩트하다'라고 평가할 수 있을까? 정확한 수치를 기준으로 삼긴 힘들지만, 대략적으로 다음과 같은 기준을 적용할 수 있다.

❶ 최전방에서 최후방까지의 거리가 하프라인에서 페널티박스까지 정도로 유지될 때는 '콤팩트하다'고 할 수 있다.

❷ 최전방에서 최후방까지의 거리가 경기장 절반보다 길게 형성될 때는 간격이 벌어졌다고 할 수 있다.

❸ ❶과 ❷의 중간 정도로 형성될 때에는 보통이라고 부를 수 있다.

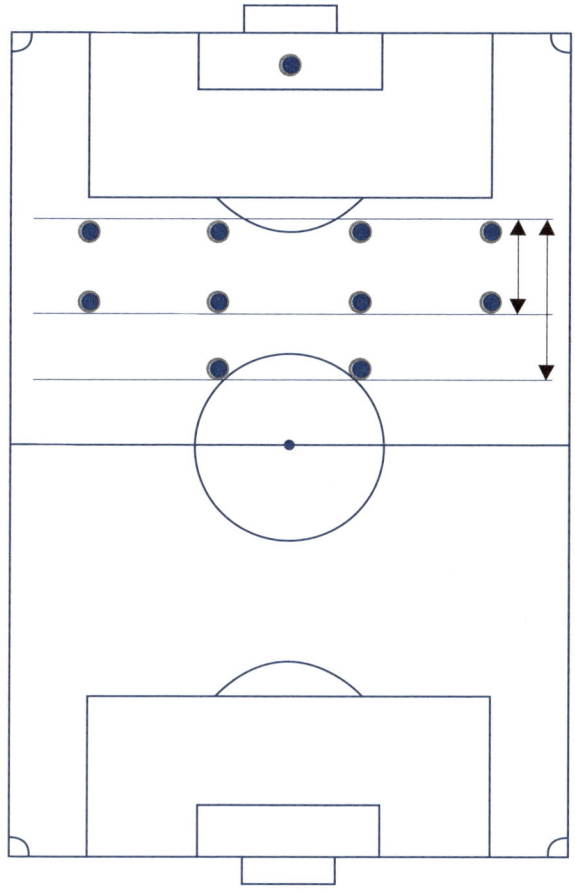

* 공격과 수비에서 이 간격이 일정하게 유지되면 수준 높은 팀이라고 평가할 수 있다.

| 콤팩트한 포메이션 유지 |

대충 이 정도의 기준으로 관찰하면 큰 문제가 없을 것이다. 그러나 TV시청만으로는 포워드가 수비 압박을 가하고 있을 때 최후방 수비 라인의 위치는 화면에 거의 잡히지 않기 때문에 이 점을 관찰하려면 경기장에서 직접 관전해야 한다. 기회가 생기면 꼭 경기장을 직접 찾아 이 부분을 육안으로 확인해보길 추천한다.

DEFENCE ③
진형의 너비를 설정한다

수비 시 종방향의 길이를 관찰했다면 다음으로는 횡방향, 즉 너비 쪽으로 넘어가보자. 오른쪽 측면의 선수부터 반대편인 왼쪽 측면 선수까지의 너비를 보면 대부분의 팀들은 다음과 같은 두 가지 패턴으로 정리할 수 있다.

❶ 경기장 너비 3분의 2를 사용하는 포지셔닝(너비를 좁게 서는 편)
❷ 경기장 너비 4분의 3을 사용하는 포지셔닝(너비를 넓게 서는 편)

❶번처럼 좁은 너비의 장점은 선수 간 거리가 짧아서 누군가가 일대일 돌파를 허용하더라도 커버링하기가 쉬워진다는 것이다. 세컨드 볼도 따내기가 쉽다. 반대로 단점은 반대편 측면으로 공격 방향이 바뀌었을 때 진형을 이동시켜야 하는 거리가 길어진다는 것이다. 또는

전체가 횡적 이동을 하지 않고 공격형 미드필더나 윙포워드가 밑으로 내려와서 수비에 가담할 경우 공격 포지션의 선수에게 수비적 부담을 가함으로써 본래의 공격력을 감소시킬 수도 있다. ❷번 진형의 장단점은 곧 ❶번 진형이 지닌 특징을 거꾸로 하면 된다.

축구 감독마다 최선이라고 믿는 수비 전술이 다른 탓에 누가 지휘봉을 잡느냐에 따라 같은 팀의 수비 너비가 달라지기도 한다. 전임 감독이 정해놓은 진형의 너비를 후임이 조정하게 되면 그에 따른 세세한 역할 변화가 불가피해진다. 예를 들어, 전임 감독이 ❶번처럼 좁은 너비를 유지했다면 그 당시 윙어 또는 윙포워드에 해당하는 선수는 수비 가담 빈도가 높았다는 의미가 된다. 하지만 새 감독이 그 너비를 넓게 사용하는 전술을 구사하면 그때까지 경기 중 자주 수비 쪽으로 내려와야 했던 측면 공격수들에겐 움직임 자체에 여유가 생겨 공격 시 전술 구사에 좀 더 충실할 수 있다. 하지만 수비수들은 자신이 담당해야 하는 영역이 커지는 탓에 곤란해할 수도 있다. 그렇기 때문에 수비 진형의 너비를 정할 때에는 구성 선수들 각자의 플레이 스타일과 개성 그리고 능력까지 종합하여 검토해야만 본래 의도대로 효과를 얻을 수 있다.

DEFENCE ④
상대팀 에이스를 맨투맨으로 묶는다

●

다음은 맨투맨 방어와 지역 방어의 차이에 대해서 설명하도록 하겠다. 맨투맨과 지역 방어의 차이는 다음과 같이 정리할 수 있다. 포인트는 '무엇을 우선해서 막을 것인가'라는 개념이다.

❶ 맨투맨 방어

마크하는 상대를 정해서 각자 선수를 직접 막는 방법이다. 상대가 어느 곳으로 움직이든 그대로 따라붙어 막는 전술이다. 상대의 자유를 빼앗기 위해서는 최적의 방법이지만 상대의 움직임을 계속 따라다님으로써 자기 본래 포지션이 지켜야 할 영역을 비워둘 수 있다는 것이 단점이다.

❷ 지역 방어

각자 담당 영역을 정해서 수비를 펼치는 전술이다. 만약 자기가 마크하고 있는 상대 선수가 담당 영역에서 나가면 그 선수를 따라가지 않고 해당 영역을 담당하는 동료에게 마크를 넘기는 방법이다. 상대 선수에게 압박을 가하기보다 실점으로 연결되는 공간을 채운다는 생각을 우선한다.

2009-10시즌 UEFA 챔피언스리그 16강 1차전에서 맨체스터 유나이티드는 AC밀란의 플레이메이커 안드레아 피를로를 어떻게 봉쇄할 것인가, 라는 과제를 안았다. 알렉스 퍼거슨 감독은 미드필더 박지성에게 피를로를 전담 마크하는 임무를 부여했다. 지금은 유명한 경기가 되었지만, 경기 중 박지성은 끊임없이 피를로를 따라다니면서 철

저히 괴롭혔다. 수비에서 공격으로 전환되는 출발점인 피를로가 박지성의 맨투맨 마크 탓에 패스를 제대로 받지도 못했음은 물론 동료들을 활용하는 킬패스가 꽉 막히자 밀란의 플레이는 조직력을 잃고 산발적인 개인 전술에 의존해야만 했다. 박지성을 떼어내고 싶었던 피를로는 센터서클 이곳저곳으로 도망다녔는데, 여기서 맨체스터 유나이티드는 두 가지 수비 대응책을 생각할 수 있게 된다.

❶ 이동하는 피를로를 박지성이 계속 쫓아가는 방법
❷ 이동하는 피를로를 해당 영역에 있는 동료가 맡는 방법

즉, ❶번은 맨투맨 방어, ❷번은 지역 방어가 된다. 여기서 퍼거슨 감독은 박지성에게 ❶번 방법을 지시했다. 피를로를 경기에서 철저하게 고립시키기 위해서이다. 물론 그 선택에 의해 박지성의 원래 포지션인 중앙 미드필드 공간이 취약해지는 탓에 주변 동료가 그 공간을 커버링했다. 그 결과 맨체스터 유나이티드는 원정에서 밀란을 3-2로 꺾는 대성공을 거두었다.

참고로 퍼거슨 감독은 2010-11시즌 UEFA챔피언스리그 결승전에서도 박지성에게 바르셀로나의 리오넬 메시를 대인마크하라고 지시했다. 경기 하루 전날 있었던 공개 훈련 현장에서 퍼거슨 감독이 박지성을 따로 불러 지시를 내렸을 정도였다. 하지만 바르셀로나는 메시만 막아서 봉쇄할 수 있는 팀도 아니었고, 메시 본인도 박지성을 완벽하게 제치고 직접 팀의 두 번째 득점을 터트렸다.

바르셀로나에는 통하지 않았지만 퍼거슨 감독의 박지성 맨투맨 활용은 국내외 무대에서 유용하게 사용되었다. 영국의 저명 저널리스트 조나단 윌슨은 박지성을 '수비형 윙어'라고 칭했는데, 이 역시 공격수 박지성의 수비적 공헌에 초점을 맞춘 명명이었다. 박지성은 상대 팀의 윙어에게는 철저한 맨투맨 방어를 가했고, 그 뒤에 서는 상대 풀백에 대해서는 지역 방어를 폄으로써 오버래핑을 저지했다. 자국 리그의 첼시, 리버풀, 아스널 등의 강팀을 만났을 때마다 박지성 개인에 의한 맨투맨과 지역 방어의 혼용은 빛을 발했다.

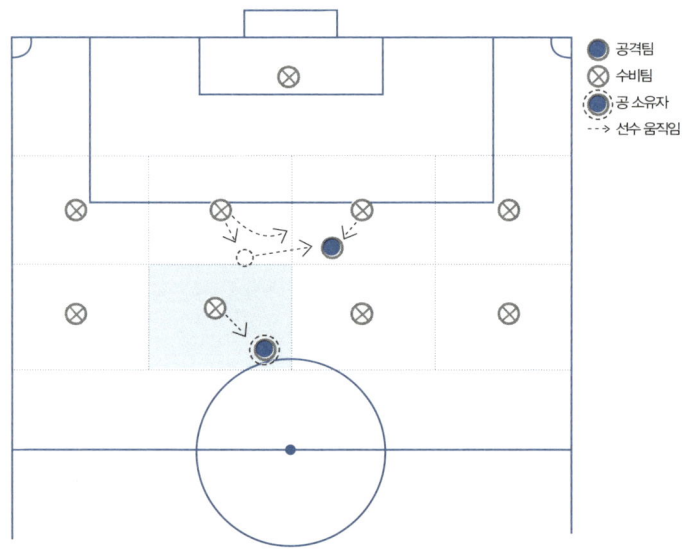

* 자신이 맡은 공간 안에 들어와 있는 상대 선수를 책임지고 마크한다. 상대 선수가 자신이 맡은 영역에서 나가면 해당 영역을 맡은 동료에게 마크를 넘기고 자신의 영역으로 돌아온다.

| 지역방어의 개념 |

DEFENCE ⑤
커버링의 상황 판단

동료가 돌파당했을 때 혹은 동료가 비워둔 공간이 위협받는다고 판단될 때, 그것을 메우는 플레이를 '커버링(covering)'이라고 부른다. 커버링의 난이도는 다음 두 가지 경우에 의해 바뀐다.

❶ 자기가 마크할 상대 선수가 없는 상황에서의 커버링
자기가 마크할 상대가 없을 때의 커버링은 간단하다. 3명으로 최후방 수비 라인을 형성하는 백스리 전술의 경우 좌우 양쪽에 서는 수비수는 맨투맨을, 중앙에 서는 수비수는 커버링을 각각 담당하게 된다. 공격해 들어오는 상대팀보다 수적 우위에 있을 때에는 상황 판단이 그렇게 어렵지 않은 방법이다.

❷ 자기가 마크할 상대 선수가 있는 상황에서의 커버링
이 상황에서는 자기도 특정 선수를 마크하고 있기 때문에 자기의 마크 상황과 비교해서 다른 쪽이 더 위험하다고 판단되면 자신의 마크를 포기하고 커버링을 선택하게 된다. 쉬운 판단일 수가 없다. 판단을 내리는 타이밍을 잘못 잡으면 자기가 버린 선수가 자유롭게 되어 상황이 더 악화된다.

커버링은 그라운드 위에 존재하는 모든 공간을 대상으로 행해지는데 가장 중요도가 높은 곳은 센터백 배후 공간의 커버링일 것이다. 센터백이 돌파당할 것 같을 때 측면에 있는 풀백은 자기가 마크하고 있던 상대팀의 윙어에 대한 방어를 버리고 중앙 영역으로 뛰어가서 커버링해야 한다. 판단 자체가 어렵고 좀 더 넓은 주의력이 요구되기 때문에, 이런 커버링에 능한 풀백은 종합적인 수비 능력이 뛰어나다고 평가할 수 있다.

2012년 런던올림픽에서 홍명보 감독이 이끄는 대한민국 23세 이하 대표팀은 압박에 집중하는 수비 조직을 구축했다. 메달 획득이라는 지상과제를 달성하기 위해 홍명보 감독은 토너먼트 방식에 특화된 전술을 짰는데, 최후방 수비 라인을 구성한 수비수 4인의 커버링 의식이 돋보였다. 좌우 풀백을 맡았던 윤석영과 오재석은 모두 순간적인 움직임이 빠른 스타일이었고, 중앙 수비에 기용된 김영권과 황석호 역시 키와 스피드를 겸비한 '빠른 수비수'들이었다.

조별리그를 통과한 한국 대표팀은 8강에서 주최국 영국을 만났다. 당시 영국은 대니얼 스터리지를 비롯해 크레익 벨라미, 스콧 싱클레어 등 공간 활용과 개인 돌파에 일가견이 있는 정상급 공격수들로 구성되어 있었다. 한국은 최후방 수비 라인에서 패스를 돌리면서 최대한 시간을 끌었고, 수비 시에는 협력 수비(커버링)를 철저히 수행했다. 후반 들어 위급한 역습 상황에서 풀백 윤석영이 몸을 날린 블로킹으로 문전 위기를 넘기던 장면에서 알 수 있듯이 센터백이 돌파되었을 상황에서 두 풀백은 적극적으로 중앙 영역으로 이동해 공을 가진 상대 공격수를 막았다. 덕분에 한국은 영국의 공세를 1실점(페널티킥)으로 막을 수 있었고, 승부차기에서 승리해 준결승전 진출에 성공했다.

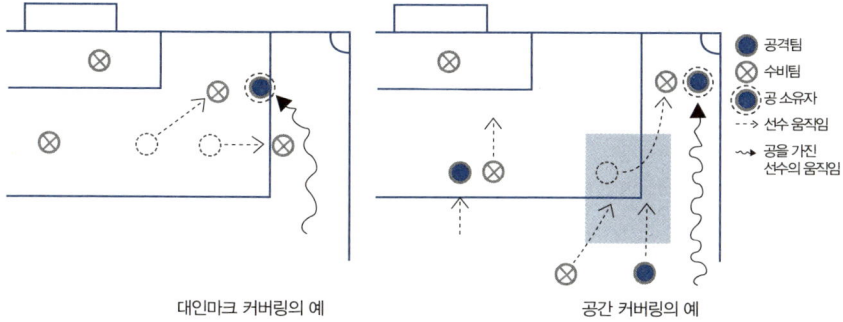

대인마크 커버링의 예   공간 커버링의 예

* 수비 커버링은 두 가지 종류가 있다. 첫째, 동료를 제치고 들어오는 상대팀 공격수에 대한 대인마크를 하는 방법과, 둘째, 동료가 상황별 판단에 따라 자기 영역을 벗어났을 경우, 비워둔 공간을 대신 차지해주는 방법이다.

| 수비 커버링의 종류 |

수비 자세에서
정보를 읽는다

DEFENCE ⑥
잘못된 수비 자세는 치명적인 실수를 낳는다

2006년 독일 월드컵 조별리그 제1 경기에서 호주는 일본과 맞붙었다. 전반전 선제 실점을 허용했으나 후반 막판 들어 2연속 득점으로 승부를 뒤집었다. 그리고 맞이한 후반 추가시간 동점골을 얻기 위해 전진한 일본의 배후 공간이 크게 열렸고, 이곳을 알로이시가 드리블 돌파로 밀고 들어가 결정적인 쐐기골을 넣어 3-1 대역전승을 거두었다.

당시 일본 진영에서 알로이시를 방어하던 일본의 고마노 유이치는 무력하게 돌파를 허용해 실점의 빌미를 제공했는데 그가 취했던 수비 자세는 명백한 실수였다. 페널티박스를 향해 정면으로 밀고 들어오는 알로이시 앞에서 고마노는 옆자세(몸의 정면이 오른쪽 측면을 향한 상태)를 취했다. 인간의 생체역학상 몸의 정면에서는 자연스럽게 움직임을 취할 수 있지만 등 뒤쪽에 대해서는 몸을 180도 돌려야 하는 탓에 반응 속도가 늦어진다. 다시 말해 몸의 정면은 '대응이 강한 쪽', 몸의 뒤쪽은 '대응이 약한 쪽'이 된다.

실제로 알로이시는 드리블 방향을 고마노의 뒤쪽으로 살짝 틀어 완벽한 일대일 돌파를 성공시킨 뒤 슛을 때려 골을 뽑아냈다. 이렇게 상대 공격수가 언제 슛을 때릴지 모르는 중앙 영역에 서는 수비수가 옆자세를 취하는 것은 적합하지 않다. 몸의 정면을 알로이시의 드리블과 맞서든가 혹은 좀 더 취약한 지점을 선점해놓아야 한다.

단, 고마노는 본래 이런 옆자세 방어에 익숙한 풀백인데, 이 경기에서 부상자가 발생하는 바람에 경기 도중 센터백으로 역할이 변경되는 상황을 맞이해야 했다. 이 점을 감안하면 이해가 가능한 실수이기도 하다. 그가 취했던 수비 자세는 측면에서 상대의 드리블을 종방향으로 제한시켜 사이드라인으로 몰아가기 위한 '원사이드 커트(one side cut)'이었다.

이와 같이 수비 자세에는 반드시 강한 쪽과 약한 쪽이 존재하기 마련이다. 그 점을 이해하기만 하면 수비수가 상대의 드리블을 어느 쪽으로 유도하려고 하는지, 또는 어떤 실수를 저질렀는지를 알 수 있게 된다.

DEFENCE ⑦
잠브로타의 수비 자세

수비 자세에 관한 예를 한 가지 더 들어보겠다. 2011-12시즌 UEFA챔피언스리그 AC밀란과 바르셀로나의 맞대결에서 리오넬 메시를 막았던 잔루카 잠브로타의 대응방법이다. 레프트백인 잠브로타는 바르셀로나 쪽에서 바라볼 때 페널티박스의 오른쪽 측면에 서서 메시의 드리블 시도를 막기 위해 몸의 정면을 오른쪽으로 돌린 상태로 플레이했다. 옆자세라고 부르기보다 아예 엉덩이를 뒤로 뺀 상태였고, 처음부터 메시가 종방향으로 드리블을 해 들어올 것이라고 전제한 듯한 원사이드 커트를 취했다. 앞에서 소개했던 일본의 고마노와 비슷해 보이기도 하지만 다음 두 가지가 결정적으로 달랐다.

❶ 페널티박스 부근이기 때문에 중앙 영역 쪽으로 돌파를 허용해도 곧바로 슈팅을 허용할 만큼 위험한 장면이 아니다.
❷ AC밀란의 시스템은 4-3-1-2였다. 잠브로타가 메시에게 중앙으로 꺾어져 들어가는 커트인을 당하더라도 커버링을 해줄 수 있는 수비형 미드필더 3인, 센터백 2인이 있었다.

특히 ❷번은 팀 전술상 중요한 포인트가 된다. 지금의 메시를 일대일로 막을 수 있는 선수가 과연 전 세계적으로 몇이나 될까? 일대일로 막지 못한다면 2인 이상이 연계해서 막아야 한다. 더군다나 잠브로타는 순발력이 좋은 선수도 아니고 몸을 돌리는 동작도 둔한 타입이다. 오른쪽이든 왼쪽이든 한쪽으로만 자세를 취해서는 메시에게 보기 좋게 돌파당할 가능성이 매우 높다. 그런 상황에서 잠브로타는 엉덩이를 완전히 뺀 자세로 극단적인 원사이드 커트로 방향을 확실히 했다. 그렇게 하면 당연히 메시는 중앙 영역으로 방향을 틀어 커트인을 하게 되므로 그곳에 기다리고 있는 동료 선수와 협력 수비를 편 것이다.

이탈리아 클럽은 이런 조직적인 수비 대응에 매우 능하다. 엄청나게 세밀한 수비 전술을 설정해놓고 확실하게 수행하는 능력이 뛰어나다. 수비를 분석하는 능력을 키운다는 의미에서는 이탈리아 세리에A가 가장 훌륭한 교재라고 할 수 있다.

DEFENCE ⑧
호날두를 잘도 막아내는 애슐리 콜

2009년 여름 이적시장에서 맨체스터 유나이티드는 호날두를 당시 세계 최고 이적료인 8천만 파운드에 레알마드리드로 이적시켰다. 영국의 한 일간지는 호날두의 이적을 보도하면서 "아마도 첼시의 애슐리 콜은 굉장히 아쉬워하고 있을 것"이라고 평했다. 왜냐하면 프리미어리그를 지배했던 호날두가 유독 콜 앞에서는 작아졌기 때문이다.

앞서 소개한 잠브로타와 비교한다면 콜은 체구가 왜소하다. 평상복 차림의 콜을 보면 그가 축구선수라는 사실조차 깨닫지 못할 정도로 평범한 체격이다. 축구선수들 중에서는 굉장히 작은 편인데, 그럼에도 불구하고 그는 유럽을 통틀어서 정상급 풀백으로 평가받는다.

　비결은 공격 성향과 함께 빠른 수비 동작에 있다. 호날두의 스피드를 따라가지 못했던 프리미어리그 타 클럽의 풀백들과는 달리 콜은 질주하는 호날두를 잘도 따라붙었다. 방향을 틀어 돌파를 시도해도 콜은 몸을 돌리는 동작이 매우 빠른 덕분에 즉각적인 수비 대응이 가능했다. 수비수의 등 뒤쪽으로 드리블을 함으로써 호날두는 수비수의 시야에서 사라지곤 하는데, 콜은 대응 속도가 빠른 덕분에 시야에서 호날두를 놓치는 시간이 굉장히 짧았다. 호날두의 드리블 페인팅까지 잘 막아냈을 정도로 몸을 돌리는 속도가 빨랐으니 콜에게 호날두 외의 평범한 공격수들과의 일대일 방어는 식은 죽 먹기나 다름없었다.

PART 8

압박 분석법
6가지

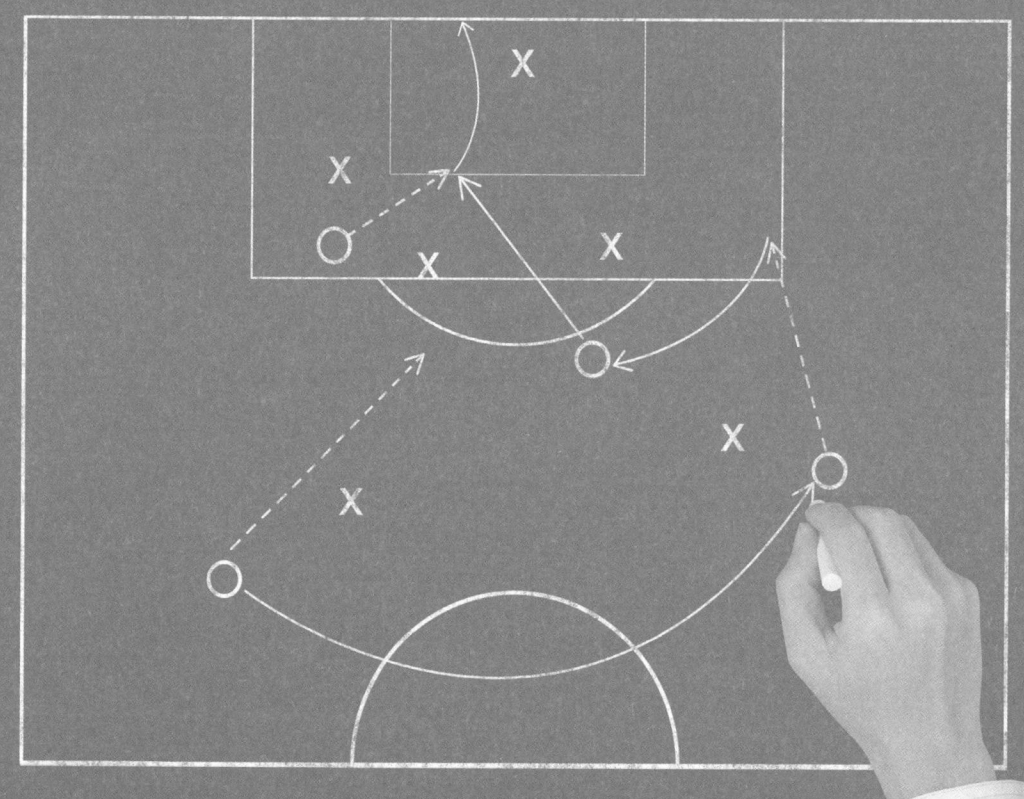

좋은 압박과 나쁜 압박을
어떻게 구분할 것인가?

PRESSING ①

독일 국가대표팀의 전원 압박

2010 남아공월드컵 아르헨티나와 독일의 준결승전은 높은 수준에 도달한 두 팀의 명승부가 예상되었다. 하지만 예상 외로 독일이 아르헨티나를 압도하며 4-0의 대승을 거두었다.

축구 전문가들은 본 대회 조별리그 단계부터 아르헨티나는 운동량과 헌신적인 자세, 선수들의 팀플레이 정신이 희박했다고 끊임없이 지적했다. 반대로 독일에 대해서는 높은 평가를 내렸다. 현대 축구는 개인의 능력으로 축구를 할 수 있는 시대가 아니다. 팀이라는 개념 안에서 개인의 능력을 극대화할 수 있는 방법을 찾아내야만 한다. 4-0이라는 결과가 그에 대한 증거라고 할 수 있었다.

독일과 아르헨티나의 결정적인 차이가 드러난 부분은 전반전부터 눈에 띈 독일의 전방 압박이었다. '압박(pressing)'이란 상대팀에 대해서 선수 전원이 연동하면서 압박을 가해 공의 소유권을 빼앗는 수비 전술이다. 전방의 미로슬라프 클로제, 외질, 토마스 뮬러, 루카스 포돌스키가 일제히 아르헨티나의 수비수들에게 압박을 가했고, 그런 움직임과 연동해 사미 케디라 등의 미드필더들까지 압박에 참여했다. 집요한 압박을 받은 아르헨티나는 공을 앞으로 운반하지 못하게 되었고, 그 탓에 전방에 나선 메시와 이과인, 테베스와의 연결이 완전히 끊기고 말았다.

선수 전원이 연동하는 압박을 가하는 독일에 비해 아르헨티나의 전방 공격수 3명은 그다지 적극적으로 수비에 가담하지 않은 채 상황에 따라 공을 빼앗을 수 있을 것 같을 때에만 다가서는 움직임을 보였다. 독일에서 혼자 볼란치(수비형 미드필더) 역할을 담당했던 바스티안 슈바인슈타이거는 아르헨티나 공격수들로부터 압박을 크게 받지 않고 자유롭게 공을 앞쪽으로 전개시켰다. 독일의 압박이 발휘한 효과와는 천지차이였다고 할 수 있다. 압박에 성공하기 위한 포인트를 몇 가지 살펴보자.

❶ 수적 우위를 만들어 압박한다.

수적 열세인 상태로 압박을 가하게 되면 자유로운 상대 선수가 한 명 이상 생기기 때문에 그곳으로 패스를 돌리면 압박에서 쉽게 빠져나올 수 있다.

❷ 전원이 인터셉트를 노린다는 의식을 가진다.

압박을 통해 상대 선수가 취할 수 있는 옵션을 제한하기 때문에 공을 갖고 있는 상대 선수의 다음 플레이를 예상하기가 쉬워진다. 선수 전원이 인터셉트를 노린다는 의식이 필요하다.

❸ 압박은 콤팩트해야 한다.

넓게 서서 압박을 하면 선수들 간 거리가 길기 때문에 어느 지점에서든 압박 타이밍이 어긋나기 십상이다. 수비는 언제나 '좁게' 한다는 원칙을 잊어선 안 된다.

❹ 운동량 면에서 앞서야 한다.

공을 돌리는 쪽보다 쫓는 쪽이 더 많이 뛰어야 공을 빼앗을 수 있다.

아르헨티나는 전방에서 공격을 담당하는 3명이 수비에 가담하지 않았기 때문에 ❶, ❷, ❸번을 실천할 수가 없었고, 그 결과로 슈바인슈타이거처럼 자유로운 선수가 쉽게 생겨나게 된다. PART 3에서도 설명한 것처럼 2010 남아공월드컵에서 아르헨티나의 총 뛴 거리는 강팀들 중에서 현저하게 적었다. 즉, ❹번의 조건도 충족시키지 못한다. 이런 상태에서 공을 빼앗으려고 상대를 쫓아다니면 무의미하게 체력을 소모하게 되고, 그만큼 수비에는 구멍이 생겨나게 된다. 압박 전술의 구사의 위험 요소만 모아놓은 꼴이다.

거꾸로 독일 대표팀은 ❶~❹번까지 모든 조건을 충실하게 이행한 덕분에 압박이 훌륭하게 작동했다. 이런 기본 원칙을 알고 있는 사람이라면 동일한 장면일지라도 파악해내는 정보량이 훨씬 많아진다.

PRESSING ②
카디프시티의 후퇴 압박 전술

웨일즈 최대 도시 카디프를 연고로 하는 카디프시티는 2012-13시즌 풋볼리그 챔피언십(잉글랜드 2부)의 우승을 차지하고 대망의 프리미어리그 승격의 기쁨을 안았다. 많은 축구 전문가들이 2013-14시즌 카디프시티가 프리미어리그에 잔류할 것이라고 예상했는데, 그 이유는 말키 맥카이 감독 특유의 후퇴 압박 전술 때문이었다. 한국 무대를 예로 들면 2011~2012년 두 시즌 동안 안익수 감독이 부산 아이파크에서 보여준 '질식 수비'가 바로 그런 개념의 전술이라고 이해하면 된다. 후퇴 압박 전술은 다음과 같은 특징을 가진다.

❶ 최전방에 원톱 스트라이커를 1명 남기고 다른 아웃필드 플레이어 9명이 모두 수비 블록을 쌓음으로써 상대 공격에 대해서 항상 수적 우위를 유지한다.

❷ 플레이 라인 자체가 낮기 때문에 배후 공간이 좁아져 센터백의 발이 느리더라도 커버링에 문제가 없다.

❸ 미드필더 1명이 볼란치와 최후방 수비 라인의 사이를 커버하는 '앵커(anchor)' 기능을 수행함으로써 상대팀의 종패스를 차단할 수 있다. 상대의 포워드가 패스를 받을 기회를 줄인다. 즉, 상대팀의 스트라이커를 고립시킬 수 있다.

❹ 후퇴 압박은 원래 롱 카운터어택(역습이 이루어지는 거리가 긴 경우)과 세트를 이룸으로써 효과를 높일 수 있는데, 수비에서 공을 빼앗아 빠르게 역습을 가할 수 있는 능력이 없는 팀은 후퇴 압박 전술을 구사해도 큰 효과를 보기 어렵다.

카디프시티는 최전방 원톱 스트라이커로 프레이저 캠벨이 출전한다. 이론적으로는 수비수 4명, 미드필더 5명이 자기 진영의 아크를 중심으로 수비 블록을 쌓고, 박스에서 흘러나오는 볼을 캠벨이 따내는 동시에 역습으로 전환한다. 하지만 객관적 전력에서 차이가 큰 프리미어리그 빅클럽과의 경기에서는 캠벨까지 박스 안으로 들어와 수비에 참여함에 따라 역습의 위력이 다소 떨어지는 경향이 있다.

앞서 설명한 ❹번의 단점이 나타나는데, 우선 프리미어리그에 잔류해야 한다는 현실적 목표를 달성하기 위해서는 득점보다 실점 방지를 우선시하는 것이 더 실용적인 전술이라고 평가할 수 있다. 홍명보 감독이 명명한 '한국형 전술'의 경우, 플레이의 라인이 후퇴 압박 전술보다는 높게 형성되지만 기본적으로 공격보다는 수비에 초점을 맞춘다는 공통점이 있다.

PRESSING ③

상대의 공격 방향을 측면으로 몰아간다

공격 부문에서 언급한 내용 중 측면 공격의 단점이 기억나는지 모르겠다. 측면에서는 공격수의 공격 전개 방향이 사이드라인에 의해 제한된다. 이론적으로는 공격하는 쪽보다 수비하는 쪽에게 유리하다. 최근 전술에서는 윙어와 풀백의 간격이 매우 좁게 유지된다. 그 사이에 자리를 잡은 상대 공격수에 대해서는 수비형 미드필더가 중앙에서 측면을 향해 압박을 가하기도 한다. 즉, 수비하는 쪽으로서는 상대의 공격수를 측면으로 몰아넣고 수적 우위를 이용해 공을 빼앗으려고 노력한다. 이 작전의 전제조건은 우선 상대의 중앙 공격을 어렵게 만들어야 한다는 것이다. 중앙 영역으로의 공격이 어렵기 때문에 측면으로 패스를 보낸다. 상대로 하여금 상황 판단을 그렇게 내리도록 유도해야 한다는 노림수이다. 구체적인 방법론은 다음과 같다.

❶ 상대팀의 볼란치(빌드업을 전개하는 수비형 미드필더)가 측면으로 패스를 보내도록 유도한다.

수비 블록에 참가하지 않는 선수(예를 들어, 최전방 포워드)가 상대 볼란치에게 압박을 가해 자유를 빼앗아 종패스를 보내지 못하도록 한다. 이렇게 되면 상대는 중앙 영역에서 패스를 연결시키기가 어려워지기 때문에 자연히 패스 방향이 측면 쪽으로 향하게 된다.

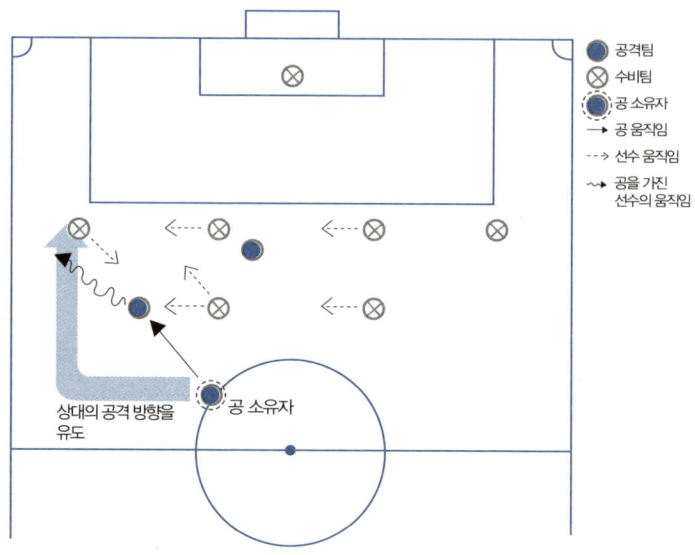

* 상대 선수의 이동이나 패스 경로를 측면으로 몰아가면 수비하기가 편해진다.

| 측면으로 몰아 세우기 |

❷ 콤팩트한 진형을 갖춰 중앙으로의 거점 패스를 끊기가 쉬워진다.

PART 7에서 설명한 콤팩트한 수비 진형을 유지함으로써 상대 풀백 등이 중앙 영역에 자리 잡은 동료에게 보내는 거점 패스를 볼란치가 차단한다. 선수들 간격이 짧아지면 상대의 거점 패스는 포워드에게 닿기 전에 자연히 걸리게 된다.

❶번은 패스를 보내는 볼란치에 대한 압박, ❷번은 패스를 받는 포워드나 2선 공격수에 대한 압박이다. 두 가지 방법을 이용하면 상대 팀은 패스로 중앙을 돌파하기가 힘들어져 자연히 측면 공격을 시도하

는 빈도가 높아진다.

　다만 상황판단이 서툰 팀은 무리하게 거점 패스를 넣으려고 시도할 때마다 중앙에 형성한 수비 블록에 걸리기 때문에 수비하는 팀의 '측면으로 몰아넣는 수비 전술'이 실제로는 실행될 필요가 없어지기도 한다. 이렇게 상대의 공격을 차단시키는 요령을 확실하게 습득한 팀이 역습 능력까지 갖추면 어마어마한 위력을 발휘하게 되는 이치다.

PRESSING ④
첼시는 상대의 공격을 중앙 영역으로 몰아넣는다

　주제 무리뉴 감독이 처음 첼시를 이끌었던 2004~2007년 당시의 첼시에서는 존 테리와 히카르두 카르발류가 센터백 콤비로 활약했다. 두 선수는 과감한 태클로 정평이 나 있어 공을 빼앗는 능력이 뛰어났다. 첼시가 실천했던 수비 전술은 풀백이 상대의 공격을 중앙 영역으로 몰아넣고 테리와 카르발류의 대인마크 능력을 살려 공을 빼앗아내는 방법이었다. 순서는 다음과 같다.

❶ 풀백은 상대 선수의 종방향을 막는 포지셔닝을 취한다.
❷ 상대는 공간이 비어 있는 중앙 쪽으로 드리블한다.
❸ 테리(혹은 카르발류)가 튀어나가 공을 빼앗는다.
❹ 풀백은 테리나 카르발류의 대각선 방향 뒤쪽으로 돌아가 커버

링 포지셔닝을 취한다.

중앙으로 몰아넣고 공을 빼앗는다는 개념은 사실 축구의 기본 원칙과 정반대라고 할 수 있다. 중앙 영역은 측면보다 자기 골문과 가깝기 때문에 위험성이 더 크기 때문이다. 보통의 팀은 풀백이 측면으로 공격해 들어오는 상대 선수를 종방향으로 유도해 코너플래그 부근으로 몰아넣는 것이 철칙으로 통한다.

그러나 첼시는 테리와 카르발류의 능력을 살리기 위해 오히려 이론을 반대로 취했다. 만약 테리와 카르발류가 공을 빼앗지 못하고 드리블 돌파를 허용하기라도 하면 큰 실점 위기를 초래하지만 풀백이 즉시 커버링으로 돌아가기 때문에 위험 관리도 철저하게 수행했다.

상대팀의 특징을 고려한 임기응변이라는 의미에서 본다면, 프리미어리그에는 강한 피지컬을 살려 종방향으로 강인하게 밀고 들어가는 타입의 선수가 많다. 중앙 영역에서 가해지는 압박을 섬세한 드리블로 뚫어내는 메시 같은 선수는 적다. 그런 스타일을 감안하면 중앙 영역에 몰아넣는 압박이 유효하다고 평가할 수 있다.

PRESSING ⑤
중앙 영역으로 몰아넣는 또 다른 방법

●

첼시와는 다른 방법으로 상대의 공격을 중앙 영역으로 몰아넣을 수도 있다. 2011년 여자 월드컵을 제패했던 일본 여자 국가대표팀이 좋은 예다. 앞서 예로 든 첼시는 풀백에서 센터백으로 상대의 공격을 유도하는 방법, 즉 수비 라인에 관한 이야기인데, 일본 여자 국가대표팀은 좀 더 높은 위치에서의 압박 연계를 이용해 상대의 공격 방향을 중앙으로 유도했다. 순서는 다음과 같다.

❶ 포워드가 상대 센터백의 패스를 풀백 쪽으로 향하도록 유도하기 위해 접근한다.
❷ 이때 윙어가 패스를 받은 상대 풀백에게 접근해 종패스의 루트를 차단하는 동시에 압박을 가한다. 공을 가진 상대 풀백으로 하여금 중앙 영역에 있는 동료 볼란치로 패스를 하도록 유도한다.
❸ 중앙에서 패스를 받은 상대의 볼란치에게 중앙 미드필더들이 강력한 압박을 가해 공을 빼앗는다.

보통의 경우에는 ❷번의 시점(상대 풀백이 공을 갖고 있을 때)에서 종방향이 아니라 중앙 영역 쪽으로의 루트를 차단하기 위해 압박을 가해 상대의 공격 방향을 측면으로 몰아넣는다. 이렇게 높은 위치에서의 압박을 통해 상대의 공격 방향을 중앙 영역으로 몰아넣는 팀은 다음과 같은 고려 때문이다.

❶ 자기 팀의 풀백이 피지컬의 열세로 인해 상대 윙어와의 일대일 대결에서 이길 수 없는 경우 공격 방향을 중앙으로 유도해 여러

명이 수적 우위를 이용해 공을 빼앗아낼 수 있게 된다.
❷ 중앙 미드필더가 공을 빼앗는 능력이 뛰어날 경우 중앙 영역에서 공을 빼앗으면 빠른 역습을 가하기가 더 쉬워진다.

물론 이런 압박 전술이 항상 성공을 거둘 수는 없다. 예를 들어 전방에서 압박을 가했던 선수가 오히려 돌파를 당해버리면 공격 방향을 원하는 쪽으로 몰아갈 수 없게 된다. 수비적 약점이 있는 곳(선수)이 노출되거나 반대로 장점을 살리지 못하게 될 수도 있다. 또한, 미리 준비했던 압박 전술이 잘 먹히지 않게 되었을 때 선수 전원이 얼마나 끈질기게 커버링을 해주느냐도 중요하다.

PRESSING ⑥
최전방 압박을 통해 롱볼을 유도한다

사실 최전방 압박은 항상 상대 수비수들에 비해 수적 열세인 상태에서 이루어지게 된다. 따라서 공을 가진 상대 센터백을 향해 달려드는 행위 안에는 '공을 빼앗겠다'라는 의식보다 '패스 방향을 내가 원하는 쪽으로 유도하겠다'라든가 '클리어링이나 다름없는 롱볼을 유도하겠다'라는 목적이 더 크다. 수비에서 쇼트패스를 이용해 공을 전방으로 운반하는 빌드업 능력이 떨어지는 팀과의 경기에서는 큰 효과를 거둘 수 있다.

패스 능력을 갖추지 못한 팀의 수비수들은 공을 갖고 있는 상태에서 상대의 전방 공격수들이 달려들면 골키퍼에게로 백패스를 해서 도망가거나 전방을 향해 아무런 의미 없는 롱볼을 때리는 선택을 하게 된다. 패스 능력의 유무를 떠나 최후방 수비수는 공을 빼앗기게 되면 실점을 허용할 가능성이 매우 높은 탓에 압박하는 공격수보다 훨씬 더 큰 부담을 안고 있다. 즉, 안전을 최우선시해야 하는 포지션이기 때문에 상대 포워드의 압박에 대해서 가장 간결하고 안전한 방법을 선택하기 쉽다. 최전방 압박에 나서는 공격수는 상대 수비수의 그런 심리를 이용해 빌드업을 방해할 수 있다.

PART 9

라인컨트롤 분석법
4가지

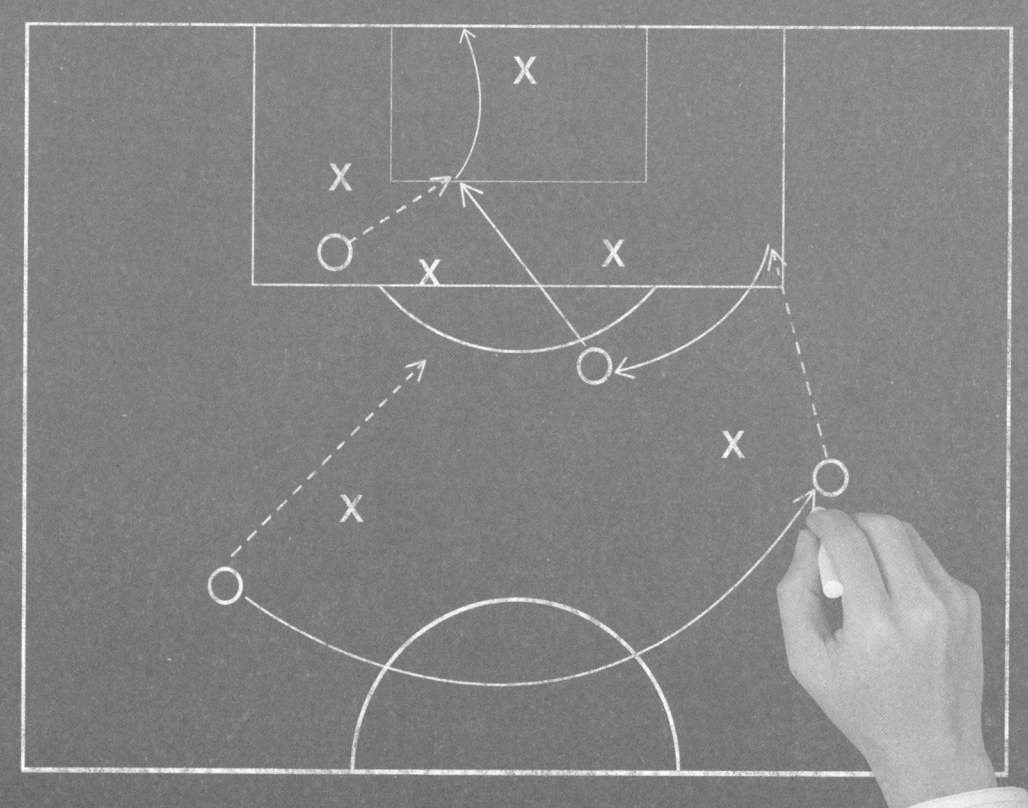

좋은 라인컨트롤과 나쁜 라인컨트롤을
어떻게 구분할 것인가?

LINE CONTROL ①

공격의 온(On)과 오프(Off)

수비에서 라인컨트롤은 대단히 중요하다. 최후방 수비 라인 중 한 명이라도 라인에서 벗어나면 오프사이드 없이 상대에게 배후 공간 침투를 허용하고 만다. 라인컨트롤의 수준을 간파하는 포인트는 공의 위치와 상대팀의 상황에 맞춘 라인의 전후진이 원활히 이루어지고 있는가 하는 점이다. 라인컨트롤의 기본은 다음의 두 가지가 된다.

❶ 상대의 공이 온(ON) 상태일 때에는 라인을 내린다.
❷ 상대의 공이 오프(OFF) 상태일 때에는 라인을 올린다.

'공이 온 상태'라는 의미는 공을 가진 상대팀 선수가 전방을 향해 자유롭게 플레이할 수 있는 상태를 가리킨다. 즉, 상대의 공이 온 상태라면 배후 공간으로의 자유로운 스루패스를 제공할 수 있는 상황을 의미하기 때문에 수비 라인을 내려야 한다. 반대로 '공이 오프 상태'는 공을 가진 상대팀 선수가 압박을 받고 있는 식으로 전방을 향한 플레이가 불가능한 상태를 뜻하므로 배후 공간을 허용할 위험이 적다. 라인을 올려 진형을 콤팩트하게 유지할 기회가 되는 셈이다.

K리그를 비롯해 축구 경기를 현장에서 관전하면 테크니컬에어리어(감독이 선수들에게 지시를 내릴 수 있는 공간)에 선 감독이 자기 팀 선수들을 향해 연신 팔을 휘저으며 지시를 내리는 모습을 자주 볼 수 있다. 상황에 따라 다르겠지만, 대부분 선수들의 올바른 위치를 잡아주는 주문이고 가장 중요한 최후방 수비 라인의 전후진에 관한 지시일 확률이 매우 높다.

경기의 흐름을 읽어내는 능력이 탁월한 센터백이 있다면 그라운드 위에서 직접 동료들에게 지시를 내려 라인컨트롤을 실행할 수 있겠지만, 모든 상황이 빠르게 전개되는 실제 경기 중에서 적확(的確)한 라인컨트롤을 선수들이 스스로 실행해낼 수 있는 팀은 그리 많지 않다. 이에 덧붙여 라인 자체가 횡렬로 형성되기 때문에 경기장 전체를 측면에서 바라보는 쪽이 라인컨트롤의 잘잘못을 훨씬 효과적으로 파악해낼 수 있다.

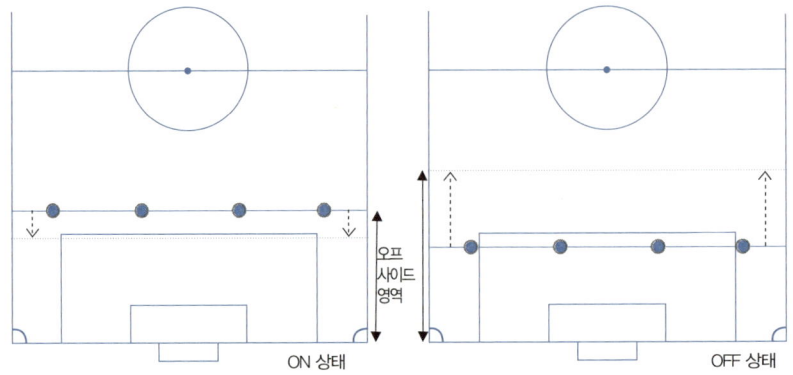

* 자기 진영에서 상대가 공을 소유했을 경우(ON 상태)에는 최후방 수비 라인을 내린다. 반대로 자기 진영에서 공을 빼앗거나 클리어링을 했을 때에는 최후방 수비 라인을 올린다.

| ON & OFF |

LINE CONTROL ②
한계지점은 페널티박스 라인

라인컨트롤에는 다른 기본 원칙도 있다. 2011 AFC아시안컵 준결승전에서 대한민국은 숙적 일본과 맞붙어 120분간의 2-2 혈투 끝에 승부차기에서 아쉽게 패하고 말았다. 그러나 일본의 관점에서 보자면 승부차기까지 가지 않고 2-1로 경기를 마무리할 수 있었던 경기이기도 했다. 연장전 종료 직전에 터져 나온 황재원의 극적인 동점골은 일본 수비의 라인컨트롤 실수가 원인이었기 때문이다.

연장전 막판까지 2-1로 뒤진 한국은 키가 큰 선수들을 투입시켜 롱볼에 이은 파워 플레이 전술로 나섰다. 일본의 수비가 일단 잘 버텼지만 기껏 클리어링해도 박스 안에 한국 선수가 남아 있고 박스에서 흘러나온 공을 따낸 한국이 재차 문전으로 크로스를 올렸다. 한국은 일본 수비에 샌드백을 두들기듯이 계속 공격을 퍼부었고 결국 골문 앞에서 발생한 혼전 상황에서 흐른 공을 황재원이 왼발로 차 넣어 기어이 2-2 동점골을 뽑아내는 데 성공했다. 아무리 수비를 잘하는 팀이라도 이런 식으로 박스 안에서 혼전이 자주 발생해버리면 아주 사소한 실수라도 실점을 허용할 위험성이 매우 높아질 수밖에 없다.

라인컨트롤의 기본 원칙대로라면 클리어링을 해낸 뒤에는 상대 선수들을 자기 페널티박스 안에서 밖으로 내쫓을 수 있는 플레이를 펼쳐야 한다. 공을 걷어내면 선수 전원이 빠르게 라인을 올려 페널티 박스에서 벗어남으로써 그곳에 남아 있는 상대팀 선수들을 오프사이드로 만들어버릴 수가 있다. 그런 다음에 상대팀 선수가 크로스를 차는 순간, 다시 라인을 내려 수비 클리어링을 할 수 있도록 해야 한다. 수비 라인을 전진 또는 후진시킴으로써 공의 소유권을 다투는 지점을 자기 골문으로부터 최대한 멀리 떨어트릴 수 있는 것이다.

앞에서 설명했던 것처럼 상대의 공이 온 상태일 때는 라인을 후진시키는 것을 기본으로 한다. 단, 수비 라인을 내릴 때에는 한계지점을 수비 조직적으로 결정해놔야 할 필요가 있다. 상대팀 선수가 쉽게 슈팅을 때릴 수 있는 위험이 있는 페널티박스 안에서는 수비 라인을 내려선 안 된다. 부득이하게 수비로 몰렸을 경우에도 기회가 생기면 재빨리 라인을 올려 상대 선수를 박스 밖으로 내쫓아야 한다. 물론 황재원의 동점골은, 두 팀 모두 120분을 소화하며 체력이 바닥에 떨어진

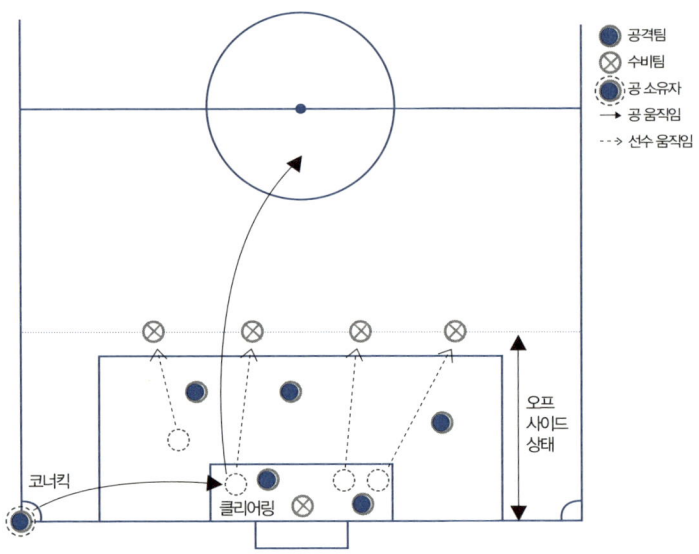

* 페널티박스 밖으로 클리어링을 해내면, 박스 안에 있던 모든 수비수는 최대한 빨리 박스에서 벗어남으로써 상대 공격수들을 오프사이드 상태로 만들어야 한다.

| 수비 클리어링 직후 최후방 수비 라인 끌어올리기 |

상태였고, 지키는 일본보다 두들기는 한국의 심정이 훨씬 더 간절한, 극단적인 상황에서 나왔기 때문에 일본 수비의 라인컨트롤 실패를 탓하기도 어렵다.

LINE CONTROL ③
2선으로부터의 침투에 주의하라

●

앞에서 설명한 것처럼 페널티박스 안에서 상대 선수를 쫓아내기 위해서 수비 라인을 올릴 때, 가장 주의해야 할 점은 오프사이드에 걸리지 않는 2선으로부터 튀어 들어오는 상대 선수의 움직임이다. 이 대응은 라인컨트롤에서도 가장 난이도가 높다.

2002년 월드컵 H조 첫 경기에서는 일본과 벨기에가 맞붙었다. 후반 75분 벨기에의 판 델 헤이덴이 성공시킨 동점골은 전형적인 2선 공격수의 침투를 통해 오프사이드 트랩을 허물어트린 플레이였다. 일본은 벨기에의 왼쪽 코너킥을 걷어낸 뒤 전원이 라인을 올려 벨기에 선수들을 오프사이드 포지션에 빠트렸다. 여기까지는 문제가 없었다.

그러나 라인을 올리는 순간 그 뒤의 온사이드 포지션에 있던 판 델 헤이덴이 배후 공간으로 파고들어 루프슛으로 득점에 성공했다. 일본은 첫 번째 클리어링에 맞춰 수비 라인을 올린 것까지는 좋았지만 페널티박스에서 빠져 나온 뒤에 볼 소유권을 획득하기 전에 다시 한 번 라인을 올리는 바람에 배후 공간을 허용하고 말았다. 이 판단이 2선 공격수의 공간 침투를 허용하게 만든 결정적인 원인이었다.

상대를 오프사이드 포지션에 빠트리기 위해서 라인을 조정할 때에는 아무래도 대인마크가 애매해진다. 따라서 한 번쯤 정리하는 시간을 만든다는 의미에서도 너무 급하게 라인을 올리면 안 된다. 페널티박스에서 빠져나가는 순간 라인 전진을 한 번쯤 멈추면 배후 공간으로 공이 투입되어도 그 공간의 길이 자체가 골키퍼가 커버링할 수 있는 범위이기 때문에 대응할 수 있는 여유가 생긴다.

당시 일본 대표팀의 감독이었던 트루시에는 라인컨트롤이 자동적으로 이루어지게끔 선수들에게 주문했는데, 이 장면에서는 일본 선수들이 지나치게 기계적으로 움직이고 말았다. 물론 이런 장면에서 어느 선수 한 명이라도 개인의 판단을 우선시한다면 전체적인 연계 플레이를 흐트러트릴 수 있기 때문에 옳고 그름의 판단을 내리기가 상당히 어렵다. 이렇기 때문에 축구선수에게 경험이 매우 중요하게 된다.

LINE CONTROL ④
피구의 돌파를 막아내는 라인 압박

오른쪽 측면의 달인이었던 루이스 피구는 능숙한 완급 조절 드리블로 종방향 돌파에 이은 크로스 제공 플레이가 장기였다. 그는 "드리블을 못한다면 축구를 포기하겠다"라고 말한 적이 있을 정도로 드리블에 집착했던 선수이기도 했다. 현역 시절 활약했던 스포르팅 리스본, 바르셀로나, 레알마드리드, 인터밀란에서도 피구는 자신만의 스타일을 버리지 않았다. 나이가 들어 스피드가 점점 떨어져 갔을 때조차 피구는 킥 페인팅을 이용해 타이밍을 한 박자 늦춤으로써 돌파를 해내 수비수로서는 일대일 장면에서 그를 막아내기가 매우 어려웠다.

그러나 인터밀란 소속 시절, 피구의 돌파를 협력 수비로 잘 막아냈던 팀이 있었다. 2007-08시즌 클라우디오 라니에리 감독 휘하에서 이탈리아 세리에A로 복귀한 유벤투스였다. 피구가 자주 활용하는 위치였던 페널티박스 부근의 오른쪽 측면에서 공을 잡았을 때, 유벤투스는 다음과 같은 순서로 그를 막아냈다.

❶ 유벤투스의 레프트백은 피구의 종방향 돌파를 차단한다.
❷ 피구는 중앙으로 커트인을 시도한다.
❸ 유벤투스의 센터백 2인과 라이트백은 피구가 중앙으로 돌파 코스를 잡는 순간 한 번에 수비 라인을 올려 그의 중앙 돌파 드리블을 막아낸다.
❹ 피구의 공을 빼앗는다.

여기서 중요한 점은 ❸번의 라인 전진 순간에 인터밀란의 센터포워드였던 즐라탄 이브라히모비치를 오프사이드 포지션에 넣는 일이다. 기껏 피구의 드리블 코스를 완벽하게 차단했다고 해도 스루패스 코스를 허용해버리면 위험한 상황을 내줄 가능성이 높다. 여기서 두세 명이 아니라 수비 라인을 구성하는 선수 전원이 호흡을 맞춰 라인을 전진시킴으로써 이브라히모비치로의 패스를 무력화시켜야만 성공을 거둘 수 있다.

피구의 플레이 스타일을 철저히 분석하는 동시에 이브라히모비치라는 상대팀의 스트라이커까지 동시에 무력화시키는 유벤투스의 수비 전술은 정말 훌륭했다.

PART 10

바르셀로나 상대 전술 분석법 6가지

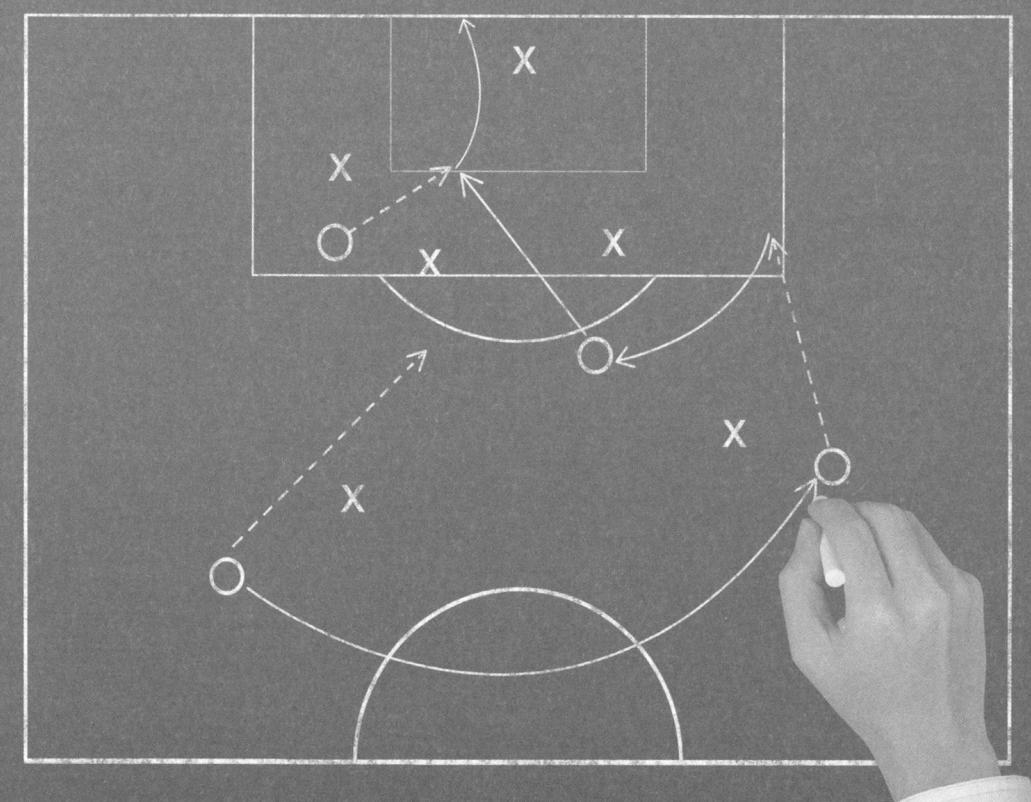

최강 바르셀로나를 어떻게 맞서야 하는 걸까?

HOW TO PLAY AGAINST BARCELONA ①

코펜하겐의 역습 전술

축구의 수비 전술은 기본적으로 두 가지 방향성으로 구분할 수 있다.

❶ 적극적인 압박으로 정면 대결을 펼친다.
❷ 수비 블록을 쌓고 물러서 있다가 역습을 노린다.

공격적인 팀은 ❶번, 수비적인 팀은 ❷번이라고 생각할 수 있다. 하지만 평상시 ❶번 스타일을 사용하는 공격적인 팀도 바르셀로나를 상대하게 되면 ❷번을 선택하는 경향이 강하다. 대부분의 감독은 패싱 게임으로는 바르셀로나를 꺾을 수 없다는 생각에, 압박을 가해 정면 대결을 펼쳐서는 승산이 없다고 판단하기 때문이다.

2010-11시즌 UEFA 챔피언스리그에서 바르셀로나를 상대했던 FC 코펜하겐도 그런 생각을 갖고 있었다. 덴마크 리그에서 우승할 정도로 공격력을 가진 팀이지만 바르셀로나전에서는 철저한 후퇴 압박 전술을 선택했다.

4명의 수비수와 4명의 미드필더 들이 이열 횡대가 되어 사각형의 수비 블록을 쌓았다. '4명×2열'의 거리감이 특징적이었다. 측면 수비 자체를 완전히 포기한 채로 극단적으로 중앙 쪽으로 모여 밀도를 높여 콤팩트한 블록을 형성한 탓에 측면으로 공격해오는 바르셀로나 선수들을 완전히 자유롭게 놔뒀다. 측면에서 크로스가 들어와도 바르셀로나의 공격수들 중에는 키가 큰 선수가 없기 때문에 위협이 되지 못했다. 또 원래 바르셀로나는 단순하게 크로스를 문전으로 띄우는 전술을 거의 사용하지 않기 때문에 측면을 버리고 중앙 지역만 집중적으로 틀어막는 방법이야말로 바르셀로나전의 왕도라고 할 수 있다. 처음부터 볼 점유율을 바르셀로나에 넘겨준 채로 경기를 운영하는 코펜하겐의 후퇴 압박 전술은 2010년 남아공월드컵 조별리그에서 스페인이란 대어를 낚았던 스위스의 전술과도 빼다박았다.

코펜하겐의 공격 전술은 역습이었다. 바르셀로나는 공을 빼앗기는 즉시 압박을 가하는데, 코펜하겐은 상대팀의 압박을 피해서 백패스를 돌리지 않고 공을 앞으로 운반해나갔다. 바르셀로나의 첫 번째 압박에 걸리지만 않으면 바르셀로나의 뒤쪽에 엄청난 공간이 열려 있

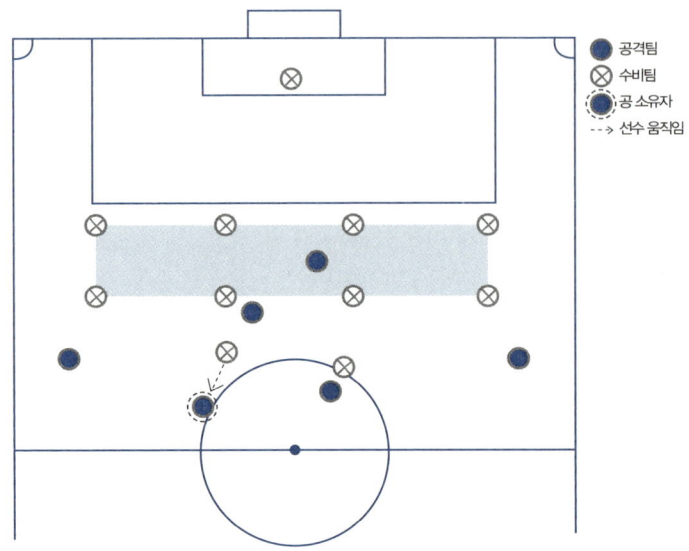

* 최후방 라인과 미드필드 라인 간격을 최대한 줄인 상태에서 위험 지역만 지킨다. 볼 점유권을 상대에게 내준 상태에서 슈팅 기회만을 철저히 봉쇄한다.

| 수비 블록의 예 |

기 때문이다. 코펜하겐은 이런 전술을 집요하게 실천해 홈에서 열렸던 바르셀로나전에서 1-1 무승부를 거두었고, 궁극적으로는 조별리그 통과라는 쾌거를 이룩했다.

UEFA 챔피언스리그 출전팀들은 모두 자국 리그에서 우승을 다투는 강팀들뿐이다. 바르셀로나를 상대하는 경기에서 소극적인 전술을 채용한다고 해도, 코펜하겐 선수들 개개인은 역습을 시도하기 위해 상대의 압박을 피해낼 수 있을 만한 능력을 이미 갖추고 있었다.

HOW TO PLAY AGAINST BARCELONA ②
레알마드리드의 역습 전술

다음은 레알마드리드의 대(對)바르셀로나 전술이다. 2010-11시즌 레알마드리드의 지휘봉을 잡았던 주제 무리뉴 감독도 코펜하겐처럼 평상시의 공격적인 스타일을 버리고 바르셀로나를 상대하는 경기에서는 역습 전술을 선택했다. 하지만 처음부터 그런 판단을 내린 것은 아니었다. 시즌 첫 엘클라시코였던 라리가 경기에서는 평상시 전술대로 바르셀로나와 정면대결을 펼쳤으나 5-0 참패라는 결과가 나오고 말았다.

그 경기가 계기가 되어 레알마드리드는 바르셀로나의 경기력을 철저히 인정하고 11명 전원이 수비에 가담하는 전술로 방향을 틀었다. 무리뉴 감독은 개인기가 뛰어난 레알마드리드 선수들을 수비적으로 뛰게 하기 위해 일부러 첫 엘클라시코에서 정면대결을 펼침으로써 일종의 충격요법으로 활용했다는 후문도 있다.

그런 과정을 거쳐 무리뉴 감독이 2010-11시즌 UEFA챔피언스리그 준결승전에서 구사한 바르셀로나전 대응 전술은 호날두와 앙헬 디 마리아를 양쪽 측면에 배치해 역습의 기점으로 삼고, 센터포워드인 카림 벤제마를 중원 수비에 가담하게 만든 것이었다.

팀플레이의 라인을 전반적으로 높게 유지시키고 최후방 수비 라인과 미드필드 라인을 콤팩트하게 만들어 공간을 없앴다. 수비형 미드필더 자리에는 압도적인 피지컬과 거친 몸싸움이 장점인 페페를 기용하고 2선 공격수였던 메수트 외질을 벤치로 내렸다. 수비에 한 명을 더 배치함으로써 중앙에서 메시의 자유로운 플레이를 봉쇄하기 위한 조치였다.

무리뉴 감독이 그린 포진은 바르셀로나의 공격을 훌륭하게 막아냈지만 후반 들어 페페가 경고 2회로 퇴장당하는 바람에 메시가 자유롭게 되면서 경기의 흐름이 바르셀로나 쪽으로 기울어지게 되었다.

그 뒤에도 레알마드리드와 바르셀로나는 코파델레이(스페인국왕컵; FA컵에 해당) 등 다양한 대회에서 몇 차례나 맞붙었는데, 그때마다 많은 볼거리를 양산했다.

HOW TO PLAY AGAINST BARCELONA ③
센터백을 뒤에서 쫓는 드로그바의 압박

첼시 시절 무리뉴 감독은 2005-06시즌, 2006-07시즌에 걸쳐 UEFA챔피언스리그에서 바르셀로나와 계속 만났다. 2008-09시즌에는 거스 히딩크 감독 체제에서 다시 첼시와 바르셀로나가 준결승전 대결을 펼치기도 했다.

기본적으로는 첼시도 바르셀로나전에서 수비를 단단하게 한 뒤 역습을 노리는 전술을 선택했는데 첼시의 전술에서 주목해야 할 점은 바로 디디에 드로그바의 움직임이었다. 바르셀로나는 골키퍼 빅토르 발데스가 공을 갖고 있거나 골킥으로 플레이를 시작할 때, 다른 팀들처럼 롱볼을 이용하지 않고 철저하게 쇼트패스로 빌드업을 시작하는 팀이다(PART 3 참조). 바르셀로나의 그런 기본 스타일에 드로그바가 압박을 가하는 방식이었다.

첼시의 공격이 종료된 뒤, 드로그바는 아쉬워하는 듯한 제스처를 취하면서 일부러 페널티박스 안에 남아 발데스가 쇼트패스를 찰 때까지 기다린다. 그리고 패스가 방출되는 동시에 드로그바는 패스를 받는 센터백 제라르 피케나 푸욜에게 맹렬히 압박을 가했다.

여기서 포인트는 피케와 푸욜이 최후방에서 드로그바에게 압박을 당하는 상황이다. 센터백 포지션은 팀의 최후미에 위치하기 때문에 기본적으로는 자기 뒤쪽에서 상대 선수에게 추격을 당하는 상황에 익숙하지 않다.

따라서 드로그바가 뒤에서부터 압박을 가함으로써 깜짝 놀라 패스를 돌리지 못하고 앞으로 롱패스를 보내 위기 상황을 빠져 나오는 장면이 많아졌다. 바르셀로나는 패스 연결을 통해 볼 점유율을 높이는 스타일을 기본으로 하는 팀이기 때문에 롱볼을 차도록 하는 압박만으로도 어느 정도 리듬을 깨트리는 효과를 얻을 수 있다.

발데스가 직접 공을 잡아 패스를 방출하는 상황에서는 드로그바가 피케와 푸욜을 뒤에서부터 센터백을 쫓아가도 문제가 될 것은 없지만, 예를 들어 골라인 아웃된 다음에 골킥을 차내는 경우에서는 드로그바가 페널티박스 안에 있어선 안 되기 때문에 엄밀히 말해 반칙이 된다.

하지만 드로그바는 빗나간 슈팅을 아쉬워하는 듯한 제스처를 보이면서 일부러 느릿느릿 걸어 나오는 척하다가 발데스가 패스를 방출하는 동시에 맹렬하게 뛰어가 압박을 가했다. 골킥뿐만 아니라 상대의 프리킥 등의 세트피스 상황에서 드로그바는 계속 영리한 포지셔닝을 취했다. 강력한 피지컬로만 기억되기 십상이지만, 유심히 관찰하면 할수록 드로그바는 굉장히 흥미로운 선수이기도 하다.

HOW TO PLAY AGAINST BARCELONA ④
루빈 카잔의 골키퍼 압박

바르셀로나는 골키퍼부터 패스를 돌리기 시작하는 스타일이다. 이 전술의 틈을 파고든 것은 앞에서 소개했던 드로그바만이 아니었다. 2008-09시즌 UEFA챔피언스리그에서 바르셀로나와 같은 조에 배정된 루빈 카잔도 같은 노림수를 갖고 있었다.

루빈 카잔이 주목한 곳은 빅토르 발데스가 주로 사용하는 발이었다. 발데스는 오른발잡이로, 뛰어난 발기술을 갖고 있었으나 왼발 킥이 그리 좋지 않았다. 그 특징을 간파한 루빈 카잔은 다음의 순서로 압박을 가했다.

❶ 2인 이상이 전선에서부터 압박한다.
❷ 바르셀로나의 레프트백에게 패스를 하도록 유도한다.
❸ 레프트백이 골키퍼에게 백패스를 하도록 압박한다.

❹ 발데스에게 백패스가 간다.
❺ 다시 발데스에게 압박을 가한다.

이때 루빈 카잔은 바르셀로나의 왼쪽 측면에서부터 공을 쫓아가기 때문에 백패스는 발데스의 왼발 쪽을 향하게 된다. 즉, 익숙하지 않은 발을 이용한 킥을 유도하는 것이다. 이 방법이 잘 먹힌 덕분에 이 경기에서 발데스는 몇 차례나 킥 실수를 범해 루빈 카잔에게 볼 소유권을 내주고 만다. 상대팀 분석을 통해 생각해낸 훌륭한 전술이었다.

HOW TO PLAY AGAINST BARCELONA ⑤
비엘사의 전원 맨투맨 전술

2011-12시즌부터 아틀레틱 빌바오를 이끈 마르셀로 비엘사 감독은 희대의 전술가로서 명성이 높은 지도자이다. 바르셀로나를 이끌었던 펩 과르디올라도 비엘사 감독을 존경해 그에게 조언을 구하기 위해 일부러 아르헨티나까지 방문했던 적이 있을 정도이다. 그때 두 사람은 축구 이야기만으로 하루를 보냈다고 한다.

비엘사 감독은 공격적인 전술을 선호하는 인물답게 최강 바르셀로나와 맞붙는 경기에서도 다른 팀처럼 수비 압박 전술을 선택하지 않았다. 그의 선택은 철저한 맨투맨 마크를 사용한 적극적인 수비 전술을 펼치는 것이었다. 2010년 남아공월드컵에서 칠레를 지휘했을 때도 스페인과의 경기에서 비엘사는 이니에스타와 차비에게 맨투맨 마크를 붙여 스페인의 패스 공급원을 막았다. 바르셀로나는 경기장을 넓게 사용하기 때문에 맨투맨 방어를 펼치면 자기 수비 진영에 구멍이 생기기 쉽다. 대부분의 감독은 그 점을 우려해 맨투맨 방어를 꺼려했지만 비엘사는 달랐다.

2011-12시즌 라리가 12라운드 빌바오와 바르셀로나의 경기도 그랬다. 차비와 이니에스타는 물론 바르셀로나 선수 전원을 맨투맨 마크했다. 단, 센터백 1명이 맨투맨 방어에서 제외되었기 때문에 바르셀로나의 센터백 1명에 대해서도 맨투맨이 가해지지 않았다. 그 외의 바르셀로나 전원에겐 모두 일대일 대인마크가 따라붙었다.

바르셀로나는 센터포워드의 위치에 선 메시와 세스크 파브레가스가 중원으로 내려와 수적 우위를 만들어 패스를 돌리는 특징이 있는데, 빌바오는 그들의 움직임을 맨투맨으로 따라붙어 수적 우위를 허용하지 않은 덕분에 바르셀로나 특유의 전술을 봉쇄했다. 이렇게 되자 바르셀로나는 빌바오의 빠른 압박을 받아 공을 빼앗기는 장면이 많아졌다.

물론 바르셀로나도 그냥 당하고만 있지는 않았다. 유일하게 수적 우위가 생긴 센터백, 피케나 마스체라노 둘 중 한 명이 자유롭게 되었기 때문에 그들이 공을 갖고 중원으로 전진해 들어갔다. 하지만 빌바오는 그들의 움직임에 대해서 특별한 주의를 기울이지 않았다. 센터백인 피케나 마스체라노가 높은 위치까지 전진한다는 것은 바르셀로나로서도 리스크가 높아져 가만히 놔둬도 일정한 위치까지밖에 올라오지 못하기 때문이다. 또 바르셀로나의 센터백이 지나치게 높이 올라왔다가 공을 빼앗기기라도 하면 역습을 허용하게 된다. 이 점도 비엘사 감독의 계산 범위 안에 들어 있었을 것이다.

우세하게 경기를 진행하던 빌바오는 2-1로 승리하는 것처럼 보였으나 경기 종료 직전 메시에게 동점골을 허용하는 바람에 2-2 무승부에 그치고 말았다.

경기 중 폭우가 내렸던 탓에 후반전에는 경기장 군데군데 물웅덩이가 생겼다는 점이 빌바오가 바르셀로나의 패스 돌리기를 차단하면서 우세하게 경기를 이끌 수 있었던 요인이기도 했다. 만약 경기장 사정이 양호했더라면 바르셀로나가 압도했을지도 모르지만, 어쨌든 충분히 주목해도 좋을 만한 경기 내용이었다.

HOW TO PLAY AGAINST BARCELONA ⑥
AC밀란의 반대쪽 공간 공략

2010-11시즌 압도적으로 세계 무대를 지배한 바르셀로나는 대전 팀으로 하여금 철저하게 분석되는 숙명을 떠안게 되었다. 그 다음부터 다양한 대응책이 생겨나 바르셀로나가 고전하는 경기가 많아졌다. 2011-12시즌 UEFA챔피언스리그에서 바르셀로나와 맞붙었던 AC밀란의 전술도 그중 하나였다. 밀란은 4-4-2의 중간이 다이아몬드 형태

가 되는 시스템 바탕에서 양쪽 윙어로 배치된 세도르프와 알베르토 아퀼라니가 수비적으로 뜀으로써 볼란치인 마르크 판보멀까지 합세한 트리플 볼란치로 최후방 수비 라인 앞에 서는 4-3-1-2시스템으로 바르셀로나전에 나섰다.

　이 경기에서 포인트는 밀란의 2선 공격수였던 케빈 프린스 보아텡이었다. 바르셀로나의 중원 3인은 밀란의 트리플 볼란치와 수적 동수를 이뤘고, 밀란의 포워드 이브라히모비치와 호비뉴가 바르셀로나의 수비 라인에 근접한 포지셔닝을 취함으로써 그 밑에 자리 잡은 소위 1.5열의 보아텡이 자유롭게 되는 장면이 많았다. PART 4에서 소개한 카카의 예처럼 투톱과 그 밑에 새도우 공격수를 한 명 더 두는 팀의 특징이기도 하다. 상대팀은 이 선수를 어떻게 막아낼 것인가가 열쇠가 된다.

　그렇다면 바르셀로나는 어떻게 대응했을까? 보아텡을 자유롭게 공을 다루도록 놔두면 밀란에 패스 연결을 허용하게 되어 볼 점유율을 우선시하는 바르셀로나의 기본 콘셉트가 무너진다. 전반전, 바르셀로나는 최후방 백포 라인 중 한 명이었던 부스케츠가 중원으로 올라가 보아텡을 맨투맨 방어했다. 수비 라인은 라이트백 푸욜, 센터백 마스체라노, 레프트백 아비달이 백스리처럼 움직였다. 여기까지가 이 경기 흐름의 전제라고 할 수 있다.

　밀란은 이 상황에 대해서 철저한 반대 측면 돌파를 꾀했다. 바르셀로나는 보아텡을 막기 위해 68미터에 달하는 경기장의 폭을 3명이서 막는 형태가 되었기 때문에 경기장 폭 전체를 커버하지 못한 채 반대쪽 측면에 큰 공간을 내줄 수밖에 없었다. 투톱 중 한 명인 호비뉴 또는 왼쪽 윙어인 세도르프가 이 공간을 활용함으로써 밀란은 빼앗은 공을 빠르게 전개시켜 역습을 시도했다. 이 공격 패턴으로 밀란은 좋은 득점 기회를 대량 생산해냈다. 전반전에는 왼쪽 측면에서 사이드 체인지 패스를 받은 세도르프가 중앙으로 파고들었고, 쇄도한 이브라히모비치가 선제골을 넣었다.

후반전이 되자 바르셀로나는 이 문제에 수정을 가했다. 보아텡에 대한 부스케츠의 맨투맨 방어를 포기하고 백포 라인을 유지해 반대편 측면 공간이 비게 되는 문제를 해결했다. 그러나 결과적으로는 그 수정으로 인해 보아텡이 자유롭게 되어 그가 밀란의 두 번째 득점을 뽑아내게 된다. PART 4에서는 이 경기에 있어서 차비가 세 번에 걸친 배후 침투로 골을 뽑아내는 장면을 소개했는데, 사실 공격 면에서 우위를 점했던 쪽은 밀란이었다. 양 팀 모두 공격적으로 나서게 되면서 경기는 박진감 넘치는 양상을 보이게 된다. 결과는 바르셀로나의 3-2 승리로 마무리되었지만 양 팀 모두 훌륭한 내용을 보여줬던 맞대결이었다.

PART 11

골키퍼 분석법 5가지

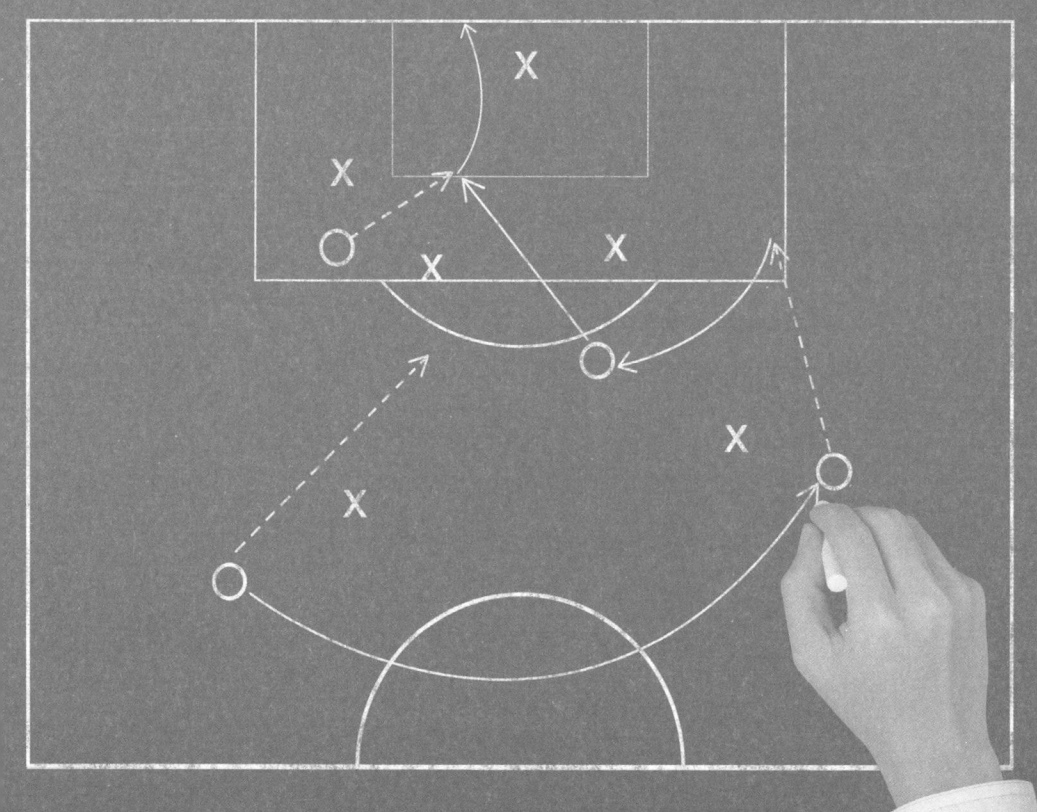

실력이 좋은 골키퍼와 나쁜 골키퍼를 어떻게 구분할 것인가?

GOALKEEPER ①

김병지와 이운재로 본 '동적인 골키퍼'와 '정적인 골키퍼'

90년대 중반부터 약 10년에 걸쳐 한국 축구 최고의 골키퍼 경쟁의 두 주인공은 김병지와 이운재였다. 1992년 울산현대호랑이에서 프로 데뷔한 김병지는 놀라운 선방과 톡톡 튀는 헤어스타일로 K리그 최고 인기스타로 사랑받았다. 1998년 프랑스월드컵에서 대한민국의 골문을 지켰고 2002년 한일월드컵에서도 주전 활약이 기대되었으나 거스 히딩크 감독은 본 무대에서 안정감을 우선시하며 이운재를 선택했다. 이운재는 침착한 방어로 한국의 4강 진출을 일궈내 일약 대한민국 최고의 골키퍼로 우뚝 선다.

골키퍼의 스타일에는 두 가지가 있다. 슈팅을 때리는 공격수의 움직임을 보고 막는 '동적인 골키퍼'와 마지막 순간까지 기다렸다가 날아오는 볼을 보고 반응하는 '정적인 골키퍼'이다. 김병지가 전자에 해당한다면 이운재는 후자에 속한다. 두 선수의 개성은 좋은 대비를 이루는데 그 차이점은 다음과 같이 나눌 수 있다.

❶ 동적인 골키퍼(김병지 스타일)
슈팅을 때리는 상대의 자세를 보고 실제로 볼이 날아오기 전에 슈팅 방향을 예측해서 방어한다. 예측이 잘 들어맞으면 멋진 선방을 양산하는 폭발력을 갖고 있다. 레알마드리드의 일케르 카시야스도 이 스타일이라고 할 수 있다. 페널티박스 밖으로 나가거나 상대 선수들과 일대일 상황에서 몸을 날려 막아내는 장면을 자주 연출한다. 하지만 상대 선수가 메시처럼 마지막 순간까지 슈팅 코스와 타이밍에 페인트를 시도하거나 골키퍼의 움직임을 침착하게 읽어내는 키커에게는 가끔 대량 실점을 허용하는 경우도 있다.

❷ 정적인 골키퍼(이운재 스타일)
슈팅 방향을 예측하지 않고 철저하게 날아오는 슈팅에 반응하는 타입이다. 상대의 슈팅 코스를 좁히는 포지셔닝을 중시하기 때문에 자연히 몸의 정면이나 그 부근에서 세이브를 하는 경우가 많은 특징이 있다. 골대의 구석을 정확히 꿰뚫는 슈퍼골을 막아내진 못하지만, 그런 장면에 대해서는 '어쩔 수 없다'라고 포기하는 반면 슈팅의 80퍼

센트를 막아내면 된다는 의식을 갖고 있다. 2006년 독일월드컵에서 이 탈리아를 우승으로 이끌었던 잔루이지 부폰이 이 타입에 속한다.

경기마다 차이가 있기 때문에 어느 쪽이 더 우월한지를 결정하기란 쉽지 않다. 다만 이런 차이점을 감안하고 경기를 관전하면 골키퍼의 플레이 특징을 파악하는 데 도움이 될 것이다.

GOALKEEPER ②
판데르사르가 막아내지 못하는 코스

인간의 신체는 좌우대칭이 아니다. 누구든지 한쪽 발을 주로 사용하는 것처럼 동작의 습관도 좌우에 따른 차이가 있다. 이는 축구의 골키퍼도 마찬가지다. 선수에 따라 잘 막는 코스와 그렇지 못한 코스가 존재한다.

2010-11시즌을 끝으로 현역 은퇴한 골키퍼 에드빈 판데르사르를 보자. 일반적으로 골키퍼는 자기가 주로 사용하는 손과 발의 반대쪽으로 날아오는 슈팅에 잘 반응하지 못하는 경향이 있다. 판데르사르도 예외가 아니었다. 오른손잡이였던 그는 왼쪽으로 날아오는 슈팅을 막아내지 못하는 장면이 많았다. 2006-07시즌 UEFA챔피언스리그 조별리그 1차전이었던 맨체스터 유나이티드와 셀틱의 경기. 전반 43분 셀틱의 나카무라 슌스케가 아크에서 약간 오른쪽 지점에서 자신의 장

기인 프리킥으로 니어사이드(near side; 나카무라를 기준으로 가까운 쪽. 판데르사르의 왼쪽) 코스를 뚫어 동점골을 터트렸다. 홈에서 열린 조별리그 6차전에서도 나카무라는 거리만 조금 멀어졌을 뿐 거의 비슷한 지점과 코스로 또다시 프리킥 득점을 성공시켰다. 경기 후 나카무라는 "판데르사르가 파사이드(far side)로 움직이는 게 보였기 때문에 역방향을 노렸다"라고 말했다.

2008년 12월 일본에서 개최된 FIFA클럽월드컵 준결승전에서 맨체스터 유나이티드는 일본의 감바오사카를 5-3으로 꺾었다. 판데르사르가 허용했던 3실점 중 엔도가 성공시킨 페널티킥을 제외한 두 골이 모두 골키퍼의 왼쪽으로 들어갔다. 2010-11시즌 UEFA 챔피언스리그 결승전이었던 바르셀로나전에서도 페드로의 선제골, 메시의 추가골, 다비드 비야의 쐐기골 모두 판데르사르의 왼쪽을 향했다. 그의 실점을 분석해보면 오른손잡이인 판데르사르의 왼쪽 방향으로 들어간 경우가 많다. 이처럼 골키퍼의 강하거나 약한 코스까지 구분해내면 축구 분석력이 보다 높아질 수 있다.

GOALKEEPER ③
정면 슈팅을 막지 못하는 골키퍼

골키퍼 중에는 의외의 슈팅 코스에 약한 선수도 있다. 일본 국가대표팀의 가와시마 에이지는 정면으로 날아오는 슈팅에 약하다. 2010년 남아공월드컵 네덜란드와의 조별리그 경기에서 베슬러이 스네이데르의 슈팅, 또는 2009년 J리그 시절 FC도쿄의 요네모토 타쿠지의 정면을 향했던 무회전 슈팅이 단적인 사례이다.

스네이데르에게 실점을 허용한 뒤 가와시마는 "(슈팅이) 눈앞 30센티미터 지점에서 갑자기 방향이 바뀌었다"라고 말했다. 가와시마는 그 슈팅의 변화에 대해서 반응하지 못한 채 골을 내주고 말았다. J리그의 한 감독은 "가와시마에게는 정면으로 슈팅을 때려라"라고 주문한 적이 있을 정도로 그의 약점은 정면으로 날아오는 슈팅이었다. 골키퍼로서의 존재감과 일대일 대결에서 강한 면모를 보이는 가와시마이지만 캐칭에 관해서는 위험한 위치에서 공을 떨어트리는 경우가 간혹 발생해 상대 선수가 세컨드볼을 노려 골을 넣는 장면도 나온다.

무회전 슈팅을 완벽하게 캐칭해내는 골키퍼는 세계적으로도 드물지만, 수준 높은 골키퍼는 무회전 슈팅을 쳐낼 때 위험성이 덜한 쪽을 선택함으로써 위기를 벗어난다. 실점의 허용 유무뿐만 아니라 첫 번째 슈팅을 쳐내는 방향 선택까지 포괄적으로 골키퍼를 분석하면 더 재미있어진다.

GOALKEEPER ④
빅토르 발데스의 니어사이드를 노려라

2010-11시즌 UEFA 챔피언스리그 8강전에서는 아스널과 바르셀

로나가 맞붙었다. 아스널의 로빈 판페르시가 골대 왼쪽의 좁은 각도에서 왼발로 골을 뽑아냈다. 그리고 2011-12시즌 UEFA 챔피언스리그의 조별리그에서는 AC밀란의 케빈 프린스 보아텡이 골대 오른쪽에서 뽑아냈는데, 두 장면에는 공통점이 존재한다.

두 개의 슈팅 모두 공이 발에서 떠나는 순간 역방향으로 휘어져 발데스의 방어 범위에서 벗어나는 궤적을 나타냈고 골키퍼와 니어사이드의 골대 사이로 지나갔다. 두 번의 실점 장면에서 발데스는 공이 날아오기 전에 이미 신체 중심이 반대쪽 파사이드 쪽으로 이동해 있다. 판페르시와 보아텡의 슈팅 자세에서 어느 정도 코스를 예측해 좁은 니어사이드 쪽보다 넓은 파사이드 쪽으로 중심을 뒀던 탓에 역발상에 허를 찔린 것이다.

어려운 코스로 들어오는 강력한 슈팅을 막아내는 장면에서도 골키퍼는 어느 정도 사전 예측이 가능한 경우가 있는가 하면 골키퍼가 충분히 막을 수 있을 것 같은 코스로 슈팅이 들어오거나 슈팅 자체에 위력이 없는 경우에 실점을 허용하는 경우도 있다. 슈팅을 때리는 키커와 벌이는 골키퍼의 머리싸움까지 분석해보도록 관찰해보자.

GOALKEEPER ⑤
골키퍼의 테크닉을 분석한다

예전 축구에서는 문전을 가로지르는 패스가 나쁘다고 인식했다.

만약 실수라도 저질러 문전인 중앙 영역에서 패스가 끊기면 그대로 슈팅을 허용할 위험성이 있다고 생각했기 때문이다. 그러나 최근 들어서는 이러한 인식이 바뀌었다. 네덜란드의 지도론으로 대표되는 것처럼 골키퍼가 발기술을 사용해 쇼트패스의 빌드업에 참가해 패스를 돌리기 위한 수적 우위를 만들려는 팀이 늘어나고 있다. 바르셀로나의 골키퍼 발데스는 물론 네덜란드 국가대표팀 수문장 마르텐 스테켈렌부르그 등의 많은 골키퍼들이 최후방에서의 패스 플레이에 적극적으로 참여한다.

이 선수들은 발기술에 큰 자신감을 갖고 있는데, 그럼에도 불구하고 예상치 못한 불규칙 바운드 등이 일어날지 모르기 때문에 빌드업에 참가하는 골키퍼는 자기 등 뒤쪽에 골문을 두지 않고 골대 지역에서 벗어난 지역에서 패스 플레이에 참가하는 것을 기본으로 한다. 그렇게 함으로써 만에 하나 트래핑에 실수를 해도 슈팅을 저지 또는 지연시킬 수 있는 여유를 만들 수 있다.

골키퍼가 패스 플레이에 참가한다는 것은 중원이나 최전방에 한 사람을 더 투입시킬 수 있다는 의미이기 때문에 수적 우위를 만들기가 쉬워진다. 현대 축구에서 볼 점유율 지상주의가 지속되는 한, 골키퍼를 빌드업에 참가시키는 팀은 늘어날 수밖에 없고, 공을 발로 다루는 기술을 갖춘 골키퍼에 대한 평가 역시 계속 높아질 것으로 보인다.

PART 12

세트피스 분석법
4가지

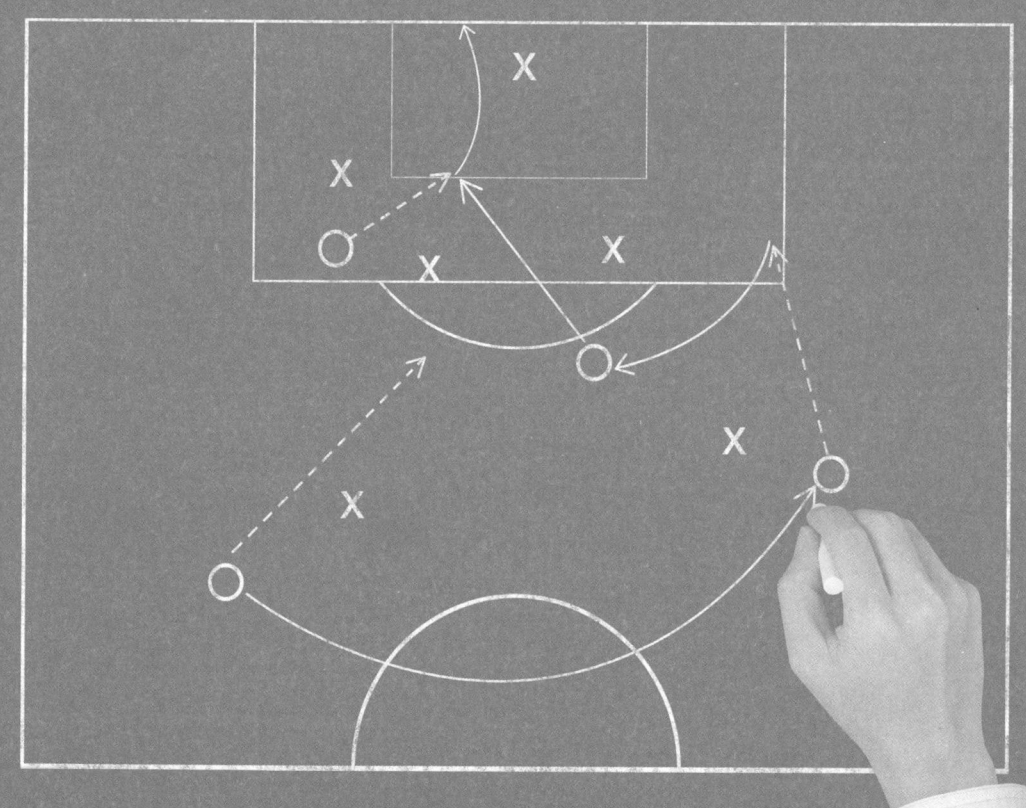

좋은 세트피스와 나쁜 세트피스를 어떻게 구분할 것인가?

SET PIECE ①
킥오프를 관찰한다

축구에서 경기는 킥오프 전술로부터 시작된다. 킥오프 자체를 세트피스로 취급하는 사람이 적을지도 모르겠지만, 킥오프 선축은 센터 마크라는 지점에 공을 놓고 패턴 플레이를 시도하는 엄연한 세트피스의 한 종류이기도 하다. 킥오프 전술 패턴은 주로 세 가지로 분류할 수 있다.

❶ 후방으로 공을 빼고 패스 플레이를 한다.
❷ 측면으로 전개시켜 돌파를 노린다.
❸ 중앙 돌파를 노린다.

무엇보다도 재미있는 점은 킥오프 전술에는 해당 팀에 대한 정보가 숨겨져 있다는 사실이다. 처음 보는 팀의 경기를 볼 때는 킥오프의 처리방법으로부터 많은 정보를 얻을 수가 있다.

　예를 들어, ❶번 전술로는 상대가 어느 위치에서 수비 라인이 형성되는지, 압박의 출발 지점이 어디인지를 파악해낼 수가 있다. 이런 식으로 상대의 움직임을 빨리 간파해냄으로써 상대팀이 경기에 신중하게 임하는지, 혹은 균형감을 중시하고 경기의 주도권을 쥐고 싶어 하는지 등의 기본 전략을 읽어낼 수가 있다.

　❷번으로는 선수 개개인의 능력을 확인해낼 수가 있다. 왼쪽 측면과 오른쪽 측면, 킥오프와 동시에 전방으로 나가 공격을 시도하는 쪽의 측면은 그 팀의 공격력에 있어서 장점이라고 볼 수 있다. 그곳에 배치된 선수는 스피드에 자신이 있는 타입인지 또는 테크닉에 자신을 가지는 타입인지 등을 파악해낼 수 있다.

　❸번을 사용하는 팀은 그리 많지 않지만 매우 효과적인 킥오프 전술이기도 하다. 드리블 돌파와 볼 키핑 능력이 뛰어난 선수와 스피드가 빠른 선수를 갖췄다면 충분히 시도해볼 만한 작전이다. 반드시 골을 뽑아내지 못해도 어느 정도까지 돌파한 뒤에 코너킥이나 프리킥 등만 획득하더라도 경기 시작과 동시에 단번에 경기 흐름을 가져올 수 있다는 장점이 있다.

　아무 생각 없이 킥오프를 하는 팀은 ❶번 방법을 사용하는 경우가 많은데 사실 ❶번 킥오프는 리스크가 꽤 크다. 가장 단적인 예가 2002년 한일월드컵에서 대한민국과 터키가 맞붙었던 3/4위 결정전이었다.

당시 킥오프를 한 한국은 공을 최후방 수비 라인으로 한 번에 뺀 뒤 센터백인 홍명보에게 다시 연결시켰다. 하지만 이런 킥오프 패턴을 터키의 공격수들이 금세 간파했고, 휘슬과 동시에 전력 질주로 전진한 일한 만시스와 하칸 수쿠르가 순식간에 홍명보를 에워쌌다. 그리고 일한 만시스와의 몸싸움에서 흘러나온 공을 하칸 수쿠르가 그대로 슈팅으로 연결시켜 선제 득점에 성공했다.

이처럼 볼을 빼앗기지 않아도 최후방 수비 라인으로 무작정 킥오프 패스를 돌리면 상대의 압박 때문에 무의미한 롱볼로 쉽게 볼 소유권을 내줄 가능성이 높아진다. 이렇게 킥오프에 숨겨진 내용까지 간파해낼 수 있다면 경기를 분석하는 눈높이가 상당히 높아졌다고 할 수 있다.

SET PIECE ②
스로인을 관찰한다

●

바르셀로나, 아스널 등 패스 플레이를 중시하는 공격적인 팀은 기본적으로 스로인을 빠르게 시작한다. 왜 그들은 빠른 스로인을 선택하는 걸까?

스로인에서 공을 던지는 선수는 풀백이 적합하다는 것이 축구의 기본이다. 볼란치 등 중앙에 서는 포지션의 선수가 스로인을 던지기 위해 터치라인 밖으로 나가면 중앙에 있는 공간을 비우게 되기 때문이다. 또 윙어처럼 공격적인 포지션의 선수가 스로인을 하기 위해 아래로 내려오면 팀의 전체 라인이 후퇴해야 한다. 이런 상황에 대비해서 풀백이 스로인을 하고 팀 전체가 그에 맞춰 진형을 맞추는 편이 좋다는 것이 기본적인 이론이다.

하지만 스로인 상황에서는 한 명이 터치라인 밖으로 나가야 하기 때문에 경기장 안에서는 수적 열세가 될 수밖에 없다는 점을 감안해야 한다. 어느 감독은 "스로인이 자기 팀에 유리하다고 생각해선 안 된다. 왜냐하면 경기장 안에는 10명밖에 남지 않기 때문이다"라고 말하기도 했다.

확실히 상대가 수비로 전환해서 마크를 하면 경기장 안에 있는 동료가 10명밖에 없기 때문에 자유로운 선수도 자연히 없어진다. 이런 상황을 방지하기 위해서 스로인으로 플레이를 빨리 재개해야 한다는 인식이 중요해진다. 기본적으로는 풀백이 스로인을 하도록 되어 있지만 빠른 스로인에서는 별로 상관없어지는 부분이 된다. 가까이 있는 선수가 공을 주워 빨리 자유로운 동료에게 연결하는 편이 낫다. 바르셀로나와 아스널은 그런 인식을 실천하는 팀인 것이다.

이처럼 대전제는 빠른 스로인으로 경기를 재개하는 것이 되지만, 상대팀이 수비 전환을 끝마쳤다는 상황을 상정하면 수비수들의 마크를 벗어나기 위한 스로인 전술이 필요하게 된다. 여기에서는 네 가지 방법을 생각할 수 있다.

❶ 스위치 플레이: 두 명의 동료가 서로 엇갈리면서 상대 선수의

마크를 혼란시킨다.

❷ 롱스로우(long throw): 거리가 긴 스로인을 던진다. 스토크시티의 로리 델랍이 유명하고, 한국에서는 성남의 현영민이 장거리 스로인을 던진다.

❸ 마크를 벗어나는 움직임: 스로인을 향해 마크맨을 달고 접근하다가 갑자기 방향을 바꿔 뒤쪽 공간으로 빠져나가는 패턴을 보인다.

❹ 트릭 패턴: 스로인을 교대하기 위해 동료를 부르는 척하다가 다가오는 동료에게 그대로 스로인을 던지는 식의 속임수. 2010-11시즌 프리미어리그 27라운드였던 맨체스터 유나이티드와 맨체스터 시티의 더비 매치에서 파트리스 에브라는 스로인을 근접해 있던 라이언 긱스의 등에 튕기게 해 다시 자기가 공을 잡는 속임수로 상대 선수들의 허를 찔렀다. 약간 장난처럼 보이기도 하지만 나름대로 재미있는 전술이라고 할 수 있다.

이미 설명한 것처럼 스로인을 하기 전에 상대 선수가 수비 태세를 갖추면 경기장 안에 자유로운 동료가 한 명도 없어진다. 우선 **빠른 스로인**을 할 수 있는 기회를 노리고, 그 타이밍을 놓쳤다면 이런 다양한 전술 패턴을 구사할 수 있다. 얼핏 보기에는 스로인이 상황에 맞춰 임기응변 식으로 행해지는 것처럼 보이지만, 각 팀들마다 훈련 중 연습한 일정한 스로인 패턴을 수행한다고 보면 된다.

SET PIECE ③
프리킥을 관찰한다

문전 프리킥에는 수를 헤아릴 수 없을 정도로 많은 패턴이 존재한다. 그중에서 주된 옵션은 다음과 같다.

❶ 커브 킥으로 직접 골을 노린다.

공을 감아 차 회전을 걸어 수비벽을 넘긴 곡선 킥으로 골문을 직접 노린다. 데이비드 베컴, 후안 리켈메 등이 장점으로 했던 프리킥이다.

❷ 슬라이더 킥으로 직접 골을 노린다.

공의 중심에서 약간 벗어난 지점을 때려 어느 정도 스피드가 있는 상태에서 약간의 변화만 준다. 이탈리아의 알렉산드로 델 피에로가 잘 찼던 방법이다. 최근 사용되는 공인구들은 반발력이 강하기 때문에 회전을 주기가 어려워져 슬라이더성 회전이 오히려 효과적이 되고 있다.

❸ 스트레이트 킥으로 직접 골을 노린다.

수원삼성에서 활약했던 센터백 보스나, 리버풀의 스티븐 제라드가 애용했던 방법이다. 궤도가 직선이기 때문에 수비벽의 위로 넘기기가 어려워 조준점을 약간 옆으로 비틀어 차는 경우가 많다.

❹ 드라이브 킥으로 직접 골을 노린다.

종방향 회전을 걸어 문전에서 뚝 떨어지는 프리킥이다. 첼시에서 활약했던 디디에르 드로그바, 레알마드리드의 크리스티아누 호날두 등이 애용했다. 호날두는 예전 무회전 킥을 자주 찼지만 최근 들어 드라이브 킥으로 변화하고 있다.

❺ 무회전 킥으로 직접 골문을 노린다.

공의 중심을 때리고 팔로우 스로우(follow throw)를 하지 않아 공에 회전이 걸리지 않는 슈팅이다. 공기 저항에 따라 키커 본인도 공의 궤적이 어느 쪽으로 휘어질지 모른다. 이탈리아의 안드레아 피를로, 브라질의 주니뉴가 최고의 달인이었다.

❻ 패스를 동료에게 연결시킨다.

수비벽을 피해 동료에게 어시스트를 하는 방법이다. 2011-12시즌 바르셀로나가 가끔 이용했던 방법인데, 직접 차는 것처럼 페인트를 걸었다가 옆으로 살짝 빼준 공을 동료가 배후 공간으로 직접 넣어주고, 수비벽의 뒤에 서 있던 동료가 그 공을 받아 슈팅을 연결시키는 트릭 패턴이다. 이런 식의 패턴은 얼마든지 다양하게 변형시킬 수 있다.

모든 패턴의 공통점은 수비벽을 어떻게 피해갈 것인가이다. 수비벽이 없는 코스는 골키퍼가 포지셔닝을 잡고 있어 수비벽을 통과시키는 능력이 포인트가 된다.

SET PIECE ④

코너킥을 관찰한다

●

2011-12시즌 UEFA 챔피언스리그 바이에른뮌헨과 첼시의 결승전에서는 디디에르 드로그바가 경기 종료 2분 전에 코너킥을 헤딩슛으로 연결시켜 극적인 동점골을 터트렸다. 문전에 있던 드로그바는 오른쪽에서 올라온 코너킥을 향해 니어사이드로 달려나가면서 머리로 정확히 연결시켜 득점에 성공했다. 연장전과 승부차기를 거쳐 결국 첼시가 우승을 차지해 구단 역사상 첫 유럽 제패의 역사를 썼다.

코너킥의 수비로는 다음의 세 가지 방법이 있다.

❶ 맨투맨 수비
❷ 지역 수비
❸ 혼합형 수비

❶번과 ❷번은 PART 7에서 설명했던 맨투맨과 지역 수비의 의미와 같고, ❸번은 그 두 가지 방법을 혼합한 것이다. 기본적으로는 어느 팀이든지 니어사이드(코너킥으로부터 가까운 쪽 골대 부근)에 날아오는 코너킥을 클리어링해낼 전문 지역 수비 전담자를 놓고 달려드는 공격수에게는 맨투맨 방어를 펼친다. 즉, ❸번 혼합형 수비를 채택하는 팀이 압도적으로 많다.

코너킥이 통상적인 인플레이 상황과 가장 큰 차이점은 각도이다.

골문을 향해서 수평으로 크로스가 날아오기 때문에 ❶번의 맨투맨 수비는 공과 상대 공격수를 동일 시야에 넣고 수비하기가 어렵다. 드로그바의 헤딩슛이 들어갈 수 있었던 주된 요인이기도 했다. 맨투맨 마킹으로 드로그바를 막던 바이에른의 선수는 날아오는 공을 무시한 채 문전에서 움직이는 드로그바를 따라붙기만 했다. 하지만 미리 정해놓은 대로 첼시의 동료가 그 마크맨의 진로를 가로막았고 순간적으로 자유로운 상황이 된 드로그바가 날아오는 코너킥을 정확히 머리에 맞힐 수 있었다. 마크맨이 날아오는 코너킥의 궤적과 드로그바의 움직임을 동시에 파악할 수 있었다면 조금은 더 효과적인 포지셔닝으로 드로그바의 헤딩슛을 방해할 수 있었을 것이다.

코너킥은 프리킥과 달리 공을 놓는 장소가 2개소로 정해져 있어 감독이 여러 가지 패턴을 구상하기가 쉽다. 그런 의미에서 코너킥은 세트피스의 진수라고도 할 수 있다. 그런 트릭 패턴을 분석하고 있으면 축구의 재미를 제대로 느낄 수 있다. 코너킥 상황은 여러 가지 수비 방법을 가르치기 위한 교재로도 매우 유용하다.

PART 13

경기 운영 분석법
9가지

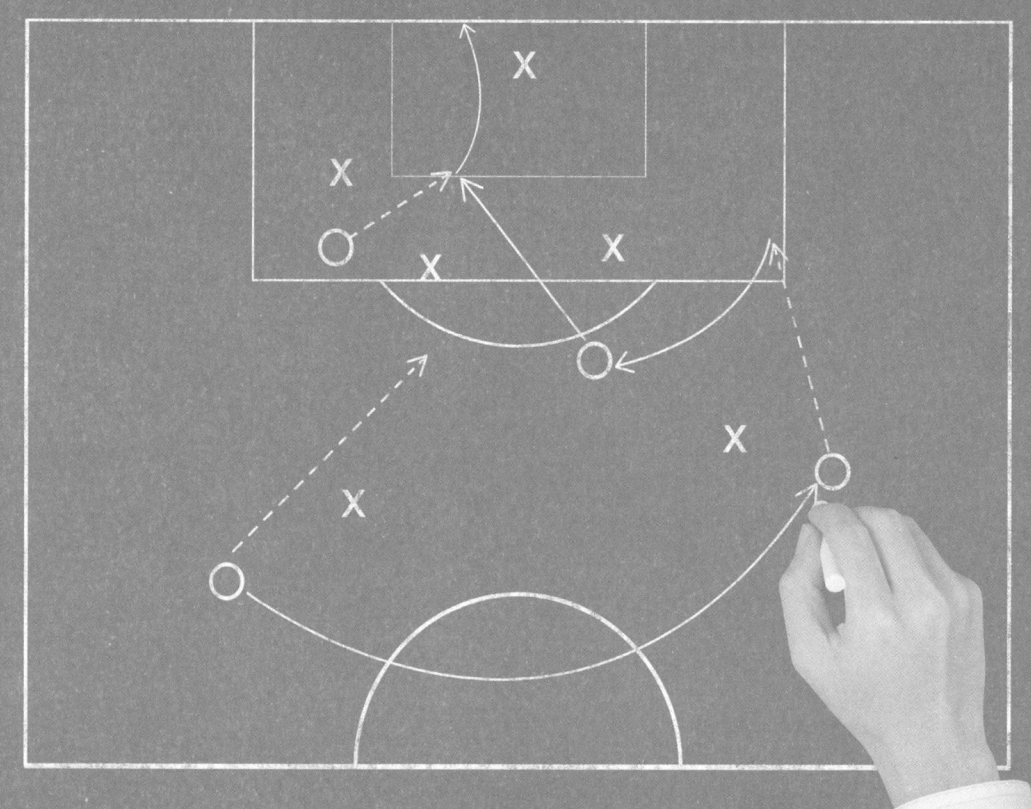

경기에 영향을 끼치는 요인을 파악한다

GAME MANAGEMENT ①
경기의 목표는 무엇인가?

경기 내용을 정확하게 분석하기 위해서는 양 팀에 주어진 여러 가지 전제조건을 파악해둬야 할 필요가 있다. 그중에서 가장 중요한 항목은 '어떤 결과를 목표로 하는가?'라는 점이다.

2011-12시즌 잉글리시 프리미어리그의 마지막 우승 경쟁은 역사에 길이 남을 만한 극적인 드라마를 완성했다. 맨체스터시티가 36라운드에서 우승 경쟁자 맨체스터 유나이티드를 1-0으로 잡아내 시즌 종료 2경기를 남기고 골득실차로 앞서 리그 선두로 올라섰다. 37라운드에서 양 팀이 나란히 승리해 승점 86점인 상태에서 시즌 최종전(38라운드)을 각각 맞이했다. 만약 맨체스터 유나이티드가 선덜랜드 원정

에서 패하거나 비기면 강등권인 퀸즈파크 레인저스와 홈에서 붙는 맨체스터시티가 골득실차에서 크게 앞서 있는 덕분에 반드시 이기지 않아도 리그 우승을 차지할 수 있었다. 그러나 맨체스터시티로서는 승점 3점을 챙겨 자력으로 우승하고 싶은 마음이 간절할 뿐이었다. 이 경우, 맨체스터시티의 목표는 다득점보다도 승점 3점을 획득하는 것이 최우선시된다. 후반 추가시간에 터진 2연속 골로 맨체스터시티는 극적으로 자신들이 세웠던 경기 목표, 승점 3점을 획득해 2011-12시즌 챔피언이 되었다.

이처럼 경기의 목표를 정확히 파악하면 관전 포인트가 본질에서 벗어나지 않고 경기를 보다 심도 있게 분석할 수 있다.

GAME MANAGEMENT ②
홈&어웨이(home and away) 방식을 보는 포인트

앞의 설명처럼 경기의 목표를 감안하더라도 상황이 더 복잡해지는 경우가 있다. 바로 UEFA 챔피언스리그의 토너먼트(16강부터)처럼 '홈&어웨이' 각각 경기를 치러 2경기 합산 스코어를 겨루는 방식이다. 무리뉴 감독이나 퍼거슨 감독처럼 이 방식에 익숙한 지도자들은 "홈&어웨이는 180분짜리 한 경기"라고 받아들인다.

즉, 1차전(first leg)은 180분 중 '전반전', 2차전(second leg)은 '후반전'이라고 생각한다. 그렇게 따지면 각 팀은 2경기에 걸쳐 평소 자신만의 플레이를 하고 있다는 사실을 알 수 있다. 예를 들어, 무리뉴와 퍼거슨 감독은 강팀과 만나는 경기에서는 전반전 45분은 균형이 흐트러지지 않도록 다소 따분하게 운영하다가 후반전 45분 중 어느 시점인가를 정해서 승부를 거는 경우가 잦다. 그런 감독은 '홈&어웨이' 방식의 1차전도 앞서 말한 것처럼 '전반전'으로 생각해 안정적인 경기 운영을 도모하는 탓에 팬들 입장에서는 다소 따분한 경기라고도 말할 수 있다. 한편, 과르디올라 시절의 바르셀로나는 어떤 경기에서든 볼 점유율을 높게 가져간다는 목표가 동일하게 적용되기 때문에 '전반전'인 1차전부터 박진감 넘치는 공격 축구를 기대할 수 있다. 홈&어웨이 방식의 경기 운영에서도 팀마다 특유의 개성이 나타난다는 것이다.

홈&어웨이 방식 경기를 더욱 복잡하게 만드는 요인은 두 경기의 스코어를 더한 합산 스코어가 동점이 되었을 때에는 어웨이(원정) 득점이 많은 쪽이 이긴다는 '원정 다득점 우선원칙'이 있다. 2012-13시즌 UEFA챔피언스리그 8강전에서 파리생제르맹과 바르셀로나는 1, 2차전 합산 스코어에서 3-3으로 동률을 이뤘다. 그러나 파리 원정 경기(어웨이)에서 바르셀로나가 2골을 넣었고, 바르셀로나 원정 경기(어웨이)에서 파리는 1골에 그친 탓에 바르셀로나가 원정 득점 부문에서 2-1로 앞서 준결승에 진출했다.

홈&어웨이 방식 또는 FIFA월드컵 본선 대회에서 익숙한 조별리그(한 조에 속한 4개 팀이 모두 한 번씩 싸워 승점을 겨룬다) 등, 대회의 경기 진행 규정에 적합한 전술에 팀이 익숙한지 여부도 경기 결과를 좌우하는 중요한 요소가 된다.

GAME MANAGEMENT ③
상대팀 전력을 어떻게 평가하고 있는가?

승리, 무승부, 패배 등 경기에서 어떤 결과를 목표로 삼을지를 결정할 때에는 상대팀과의 전력 비교가 필수적이다. 그 결과로서 '승점 3점을 따고 싶지만 비겨서 승점 1점만 얻어도 어쩔 수 없다'라는 목표로 전술을 세우는 판단도 가능하다. PART 10에서 설명했던 바르셀로나 대비 전술에서도 알 수 있었던 것처럼 평상시에는 공격적인 팀이 수비적인 전술을 선택하는 일도 얼마든지 가능하다.

2011-12시즌 UEFA챔피언스리그 당시 첼시는 토너먼트 맞춤형 전술을 철저하게 밀어붙여 결국 대회 우승이라는 대어를 낚았다. 당시 첼시는 자국 리그에서 성적이 좋지 않았지만 페르난도 토레스, 디디에르 드로그바, 후안 마타 등 언제든지 득점 또는 그 기회를 만들 수 있는 공격수들을 갖추고 있었다.

16강 토너먼트에 들어서자 첼시는 극단적인 수비 중시 전술로 전환하며 착실히 승리를 챙겼다. 16강에서 나폴리, 8강에서 벤피카 등 공격적인 팀들을 탄탄한 수비로 막아내고, 홈경기에 승부를 거는 작전으로 승승장구했다. 전 세계에서 볼 점유 전술 구사 면에 있어서 최고 수준에 다다른 바르셀로나와 바이에른뮌헨까지 각각 제압한 첼시는 결국 유럽 챔피언의 자리에 등극할 수 있었다.

2007-08시즌과 2008-09시즌 그리고 2010-11시즌 맨체스터 유나이티드는 철저한 실용주의에 입각한 토너먼트 전술을 꾸며 결승전

에 진출하는 위력을 발휘했다. 당시 퍼거슨 감독은 토너먼트 원정 때마다 박지성의 전방 수비 압박과 맨투맨 능력을 극대화시켜 원정 실점을 최소한으로 막고, 홈 2차전에서 실수 없이 승리를 잡아내는 경기 운영을 치밀하게 수행하는 저력을 과시했다.

GAME MANAGEMENT ④
홈 어드밴티지를 만드는 요소

많은 팀들이 홈경기에서 더 나은 결과를 낸다는 사실은 이미 다양한 데이터를 통해 증명된 사실이다. K리그는 물론 전 세계 어느 리그를 가도 역시 원정보다는 홈에서의 성적이 더 좋다. 주된 홈 어드밴티지는 다음과 같다.

홈 관중의 응원

"홈팬들의 응원이 힘이 된다"라는 선수들의 표현처럼 자기 팀을 응원하는 서포터즈의 응원 소리가 스타디움 안에서 특정 리듬을 만들 뿐 아니라 대규모 응원은 공기를 진동시켜 선수들에게도 직접 전달된다. 2002년 한일월드컵이 가장 좋은 예였다. 객관적 전력에서 뒤지는 대한민국은 매 경기 가득 들어찬 홈 관중의 일방적인 응원을 등에 업고 FIFA월드컵 4강 진출이라는 업적을 남겼다. 가까운 예로는 2011년 AFC챔피언스리그 결승전을 들 수 있다. 홈구장 전주에서 열린 결승전에서 전북현대는 카타르의 알사드를 상대했다. 정규시간이 끝났을 당시까지 1-2로 뒤져 있었지만, 홈팬들의 열화와 같은 함성과 선수들의 투혼이 뒤섞여 결국 후반 추가시간 전북은 극적인 동점골을 뽑아내 승부를 연장전으로 몰아갔다. 아쉽게 승부차기에서 패하긴 했지만, 당시 현장 분위기는 전북 선수들에게 큰 힘이 되었다.

그라운드 환경

어느 팀이든 정규 리그의 절반은 홈구장에서 치르기 때문에 경기장 환경과 잔디 시설에 익숙한 것도 어드밴티지가 될 수 있다. 잔디에는 다양한 종류가 있고 그 밑에 깔리는 흙 역시 스타디움마다 각기 다른 특징을 가진다. 따라서 선수가 평상시 사용하는 축구화의 스터드 역시 홈구장의 잔디에 최적화되어 있다. 더군다나 경기 전에 잔디의 길이를 어떻게 조절할 것인지, 경기 직전 물을 얼마만큼 뿌릴 것인지 등도 모두 홈팀이 일괄 관리하기 때문에 홈팀은 자기 팀 사정에 최적화된 환경을 갖춰놓을 수가 있다.

홈 어드밴티지는 잔디 상태만이 아니다. 경기 중, 특히 포워드들은 심한 마크를 받는 탓에 자신이 지금 정확히 어느 위치에 서 있는지 파악하지 못할 때가 있다. 그런 상황 하에서는 고개를 들어 골대의 위치를 확인한 다음 슈팅을 시도하는 사이에 블로킹을 당하는 등 시간 지체가 일어날 수밖에 없다. 하지만 홈팀 선수들은 경기장의 특정 표식(전광판, 간판, 출입구 등)의 위치를 기준으로 감각적으로 자기 위치를 파악해둘 수 있다. 그것들이 시야에 들어오면 골대 위치를 머릿속으로 그리고 지체 없이 슈팅을 시도하려고 노력하는 선수들도 있다. 익숙한 환경에서는 원정팀 선수들보다 간접 시야 면에서도 홈팀 선수들이 더 넓을 수밖에 없다.

GAME MANAGEMENT ⑤
날씨의 영향

서포터즈의 성원, 잔디 상태 등 앞에서 설명했던 홈 어드밴티지 외에도 경기 결과에 영향을 끼치는 요인이 또 있다. 바로 온도와 습도다. 이런 기상 조건을 인간이 조절할 순 없는 노릇이지만, 주어진 날씨 하에서 어느 팀이 더 유연하게 대응하는가, 라는 점도 경기 결과에 크게 작용한다.

2013 AFC챔피언스리그에서 K리그 클래식의 FC서울은 8강 1차전을 사우디아라비아의 킹 압둘라지즈 스포츠 시티에서 치렀다. 기록지에 따르면 저녁 9시에 킥오프되었음에도 불구하고 경기 당시 기온이 35도에 달했다. 정부의 규정상 사우디아라비아 축구 경기장은 남성 관중만 입장이 가능해 현장음 자체가 훨씬 더 위협적일 수밖에 없다. FC서울은 데얀의 선제 득점에 힘입어 적지에서 1-1 무승부를 거두었는데, 당시 선발 출전했던 플레이메이커 몰리나는 "날씨가 너무 덥다 못해 뜨거웠다. 기온이 높고 습도가 낮다 보니 뛰면서 숨을 쉴 때마다 목구멍이 따가웠다. 정말 힘들었다"라며 고개를 가로저었다.

2002년 한일월드컵을 계기로 한국에 있는 대부분의 축구 경기장은 유럽식 잔디로 교체되었다. 하지만 사시사철 여름인 동남아시아 지역은 유럽식 잔디를 도입할 수 없어 지금까지도 잎이 넓은 일명 '떡잔디'가 설치되어 있다. 대한민국 국가대표팀은 2007년 AFC아시안컵(인도네시아, 말레이시아, 태국, 베트남 공동 개최)을 통해 이 잔디의 위력을 다시금 절감해야 했다. 평상시보다 길이가 긴 스터드가 부착된 축구화를 준비했지만 경기 중 미끄러지는 선수들이 속출했다. 한국은 준결승전에서 이라크에 승부차기로 패한 뒤, 3/4위전에서 일본을 다시 승부차기로 제치고 3위를 차지했다.

전술이
크게 바뀌는 순간을 파악한다

GAME MANAGEMENT ⑥

하프타임 중 전술 변경

경기 중 전술이 경기 시작부터 종료 시까지 변함없이 지속되는 경우는 거의 없다. 90분 중에는 반드시 양 팀이 전술을 수정하는 타이밍이 존재하는데, 그 변화를 놓치게 되면 경기 흐름을 정확하게 따라갈 수 없게 된다.

그렇지만 90분 내내 경기 중 일어나는 전술 변화를 잡아내기 위해 눈을 떼지 않는 것도 굉장히 힘든 일이기 때문에 어느 정도 '이런 타이밍에서 변화가 일어나기 쉽다'라는 축구의 기본 원리를 알아두면 경기 분석의 포인트를 잡아내기가 쉬워진다. 그 타이밍을 몇 가지 소개하겠다.

가장 큰 변화가 일어나는 때는 바로 하프타임이다. 2011-12시즌 프리미어리그 12라운드 첼시와 리버풀의 경기는 안드레 빌라스-보아스 감독에 의한 하프타임 주문이 제대로 먹혀든 경기였다. 간단히 말하자면 4-1-2-3시스템을 4-2-3-1시스템으로 바꿨을 뿐이었지만, 그 안에 담긴 노림수가 재미있었다.

첼시는 전반전 팀의 기본 시스템인 4-1-2-3시스템을 채용해 존 오비 미켈을 앵커로 배치했다. 그런데 미켈은 리버풀의 크레익 벨라미에게 마크당하는 바람에 중원에서 패스를 제대로 받을 수 없게 되었다. 센터백인 존 테리와 다비드 루이스는 중원으로 패스를 보내지 못하게 되었고, 루이스는 자기가 직접 공을 몰고 중원까지 올라가는 장면이 많았다. 하지만 그런 루이스를 리버풀의 원톱 스트라이커인 루이스 수아레스가 맨마크하면서 패스 미스를 유발시켜 역습을 시도해왔다.

루이스뿐만 아니라 브라질 출신의 센터백들은 패스 코스가 보이지 않으면 이처럼 직접 드리블로 몰고 올라가 자기가 지켜야 할 뒤쪽 공간을 비워두는 습성이 있다. 전반전 동안 리버풀의 노림수가 완벽하게 먹힌 덕분에 34분 첼시 진영에서 벨라미가 미켈의 공을 빼앗아 빠른 역습을 시도, 막시 로드리게스가 선제골을 터트렸다. 그 탓에 전반전 내내 첼시는 좋은 장면을 거의 만들지 못했다.

그렇게 하프타임을 맞이했다. 빌라스-보아스 감독은 미켈을 빼고 대니얼 스터리지를 투입해 시스템을 4-2-3-1로 변경했다. 프랭크 램퍼드와 하미레스의 포지션을 올려서 더블 볼란치로 세웠다. 이 시스템 변경에 의해 테리와 루이스가 패스할 곳을 찾지 못했던 문제를 거의 해결했다. 벨라미와 수아레스의 운동량 저하도 발생하면서 리버풀은 전방에서의 압박을 전반전만큼 철저하게 하지 못했다. 자연스럽게 첼시가 공을 리버풀 진영으로 운반해가는 횟수가 늘어났고, 그 덕분에 후반전은 첼시가 완전히 경기를 지배해 55분 플로랑 말루다의 크로스를 스터리지가 연결시켜 동점골을 뽑아냈다.

첼시에 대한 대응책을 실행했던 리버풀의 케니 달글리시 감독도 훌륭한 전술 수완을 발휘했으나 그 위에 또다시 수정을 가했던 빌라스-보아스 감독도 역시 칭찬할 만했다. 결국 첼시는 경기 종료 직전 리버풀의 글렌 존슨에게 골을 허용해 2-1로 패하고 말았지만, 후반전 경기력을 개선시키는 내용은 결코 나쁘지 않았다.

이러한 포메이션 변경 등 감독이 손을 써서 큰 궤도 수정을 시도할 수 있는 시점이 바로 하프타임이다. 후반전 초반에는 두 팀에 어떤 변화가 있는지를 파악해낼 수 있도록 주의를 기울여보자.

GAME MANAGEMENT ⑦
선수 교체에 의한 변경

하프타임 외에 감독이 경기 중 변화를 일으킬 수 있는 방법은 선수 교체이다. 공격적인 선수를 투입하면 '골을 넣어줘'라는 감독의 메시지를 전달되는 셈이고, 수비적인 선수를 투입하면 '걸어 잠가'라는 메시지가 된다.

또 교체해서 그라운드에 들어가는 선수는 감독으로부터 지시를 받는 경우가 많다. 교체 투입 선수가 경기장에 들어서면서 동료들을 향해 손가락으로 '원톱', '투톱' 등의 시스템 변경을 전달하는 장면도 볼 수 있다. 선수가 교체될 시점에는 다시 한 번 팀 전체를 주의 깊게 지켜봄으로써 전술 변화를 체크할 수 있다.

기본적으로는 하프타임과 선수 교체 외에 감독이 경기 중 영향을 끼칠 수 있는 방법은 없다. 사이드라인에는 테크니컬 에어리어(Technical Area)가 설치되어 있어 감독이 그 박스 안에서 선수들에게 지시를 내릴 수도 있다.

그러나 네덜란드 지도자 강습론에서는 '경기 중에 벤치에서 졸 수 있는 감독이 진짜 유능한 감독'이라고 쓰여 있다. 트레이닝 단계에서 선수에게 전술과 상황 판단의 모든 내용을 가르칠 수 있다면 경기 도중에 굳이 감독이 나설 필요가 없다. 다르게 표현하자면 문제 해결 능력을 가진 선수를 조련해낼 수 있는 감독이 진정 뛰어난 축구 감독이라는 뜻이다.

감독이 테크니컬 에어리어에서 보이는 정열적인 제스처와 작전 지시는 곧 그 팀의 플레이가 사전에 준비한 대로 이루어지지 않고 있다는 증거이다. 현실적으로 경기에서 실제로 뛰는 선수들에겐 이런 작전 지시가 온전히 전달되기가 힘들 뿐 아니라 흥분하고 있는 감독의 모습은 선수들로 하여금 불안감을 느끼게 할 수도 있다. 테크니컬 에어리어에서 감독이 흥분을 하고 있거나 뭔가 지시를 내리는 모습이 보인다면, 팀 전체에 어떠한 문제 또는 변화가 일어나는지 주의 깊게 지켜보도록 하자.

GAME MANAGEMENT ⑧
경기 시간 관리

축구 경기의 운영에 있어서 빼놓을 수 없는 한 가지는 바로 경기 시간 관리이다. 야구에서는 아웃카운트에 의해 경기 진행이 결정되지만 축구는 90분이라는 불변의 시간 속에서 진행되는 스포츠이다. 두 팀에 공평하게 주어지는 90분이란 시간을 어떻게 사용할 것인가? 시간 관리의 요령도 축구에서는 매우 중요한 요소가 된다.

시간 관리를 화제로 삼으면 왠지 모르게 경기 막판 코너플래그 부근에서 벌어지는 몸싸움을 벌이는 장면이라든가, 선수 교체 시 일부러 느릿느릿 걸어 나온다든가 또는 다 나오다가 다시 뒤돌아가 주장 완장을 건네주는 척하면서 1~2분 정도의 시간을 낭비하는 장면이 떠오를지 모른다. 하지만 이런 장면들은 동네 꼬마들의 장난에 지나지 않는다. 이런 종류의 행위들은 시간 관리의 범위 안에 넣기엔 너무 유치한 감이 있다.

바르셀로나는 전반전부터 적극적으로 공격에 나서 득점을 노리는데, 그렇게 해서 선제 득점에 성공한 이후의 시간 관리가 대단히 뛰어나다. 패스를 돌리면서 시간을 보내고 상대에게 기회를 전혀 허용하지 않은 채 경기를 끝내버린다. 특징적인 시간 관리 장면은 리드를 두 골 이상으로 벌린 다음부터 나타난다.

UEFA 챔피언스리그의 2008-09시즌과 2010-11시즌 결승전은 두 번 모두 바르셀로나와 맨체스터 유나이티드의 대결로 성사되었다. 하지만 두 번의 만남 모두 바르셀로나는 2-0(2009년), 3-1(2011년)의 2골 차이를 만든 직후 템포를 뚝 떨어트리는 경기 운영을 보였다. 1골 차이의 리드에서는 언제든지 동점 상황이 될 가능성이 있지만 두 골 차이가 나면 그대로 경기를 마무리할 수가 있다. 바르셀로나는 그런 자신감을 갖고 있는 덕분에 전반전에는 템포를 빠르게 가져가면서 적극적으로 골을 노릴 수 있다.

이처럼 팀의 특징을 살린 전략이야말로 일류의 시간 관리 능력이라고 할 수 있다.

GAME MANAGEMENT ⑨
파워 플레이

어떻게 해서라도 골을 뽑아야 할 때 최전방에 공격수의 숫자를 늘려 무게 중심을 앞쪽에 둔 상태에서 공격에 나서는 전술을 '파워 플레이'라고 한다. 가장 단적인 예는 2002년 한일월드컵 16강전에서 대한민국이 경기 막판에 이탈리아를 상대로 펼친 전술이다. 당시 거스 히딩크 감독은 1-0으로 뒤진 후반 중반부터 팀의 모든 공격수를 투입해 이탈리아의 페널티박스 부근에 집중 배치시켰다. 결국 후반 43분 박스 안에서 일어난 혼전에서 설기현이 골을 뽑아내 극적인 동점을 이뤘다. 히딩크 감독은 호주를 이끌고 출전했던 2010 남아공월드컵 조별리그 일본과의 첫 경기에서도 후반 막판 연거푸 3골을 뽑아내 3-1 대역전승을 거두기도 했다.

파워 플레이라는 단어의 어원은 아이스하키의 전술이다. 축구에서는 평소보다 많은 선수가 상대의 페널티박스 부근에 모여 있는 상태에서 롱패스를 계속 넣어주는 전술을 곧잘 파워 플레이라고 부른다. 2011 AFC아시안컵 준결승전에서 맞붙었던 한국과 일본에서도 경기 막판 이런 파워 플레이 장면이 펼쳐졌다.

연장전 7분에 추가 실점을 허용한 한국은 2-1로 뒤지기 시작했다. 남은 시간 23분 동안 한국은 전원 공격에 참가한 상태에서 페널티박스 안으로 계속 크로스를 보냈다. 측면에서 크로스를 보내고 튕겨 나오는 공을 잡아 다시 측면으로 보내 크로스를 반복하는 패턴이었다. 결국 연장전 30분 혼전 중에서 수비수 황재원이 극적인 동점골을 뽑아내 승부차기에 돌입할 수 있었다.

이런 공격 전술의 또 다른 중요 포인트는 세컨드볼을 잡아내는 능력이다. 공중볼 다툼에서 튕겨 나온 공이 자주 떨어지는 지점을 먼저 선점해야 하는데, 수비를 하는 팀으로서는 이를 역이용해 그 지점에서부터 역습을 출발시킬 수도 있다. 크로스를 내보낸 다음 수비 라인 컨트롤만 잘 이루어지면 파워 플레이를 당하는 팀도 굉장한 역습 기회를 만들 수 있다.

이처럼 경기 막판에 벌어지는 치열한 경쟁 장면을 파악해내는 것도 축구 경기를 보다 심도 있게 관전하고 분석해낼 수 있는 중요한 포인트가 된다.

누구보다
축구전문가가
되고싶다

초판 1쇄 펴낸 날 | 2014년 2월 28일
초판 6쇄 펴낸 날 | 2023년 5월 19일

지은이 | 시미즈 히데토
옮긴이 | 홍재민
펴낸이 | 홍정우
펴낸곳 | 브레인스토어

책임편집 | 김다니엘
편집진행 | 차종문, 박혜림
디자인 | 이예슬
사진 | 연합뉴스
마케팅 | 방경희

주소 | (04035) 서울시 마포구 양화로7안길 31(서교동, 1층)
전화 | (02)3275-2915~7
팩스 | (02)3275-2918
이메일 | brainstore@chol.com
블로그 | https://blog.naver.com/brain_store
페이스북 | http://www.facebook.com/brainstorebooks

등록 | 2007년 11월 30일(제313-2007-000238호)

한국어출판권 © 브레인스토어, 2014
ISBN 978-89-94194-50-9 (13690)

* 이 책은 저작권법에 따라 보호받는 저작물이므로 무단전재와 무단복제를 금하며, 이 책 내용의 전부 또는 일부를 이용하려면 반드시 저작권자와 브레인스토어의 서면 동의를 받아야 합니다.

이 도서의 국립중앙도서관 출판시도서목록(CIP)은 서지정보유통지원시스템 홈페이지(http://seoji.nl.go.kr)와 국가자료공동목록시스템(http://www.nl.go.kr/kolisnet)에서 이용하실 수 있습니다. (CIP제어번호: CIP2014002795)